超入門！　江戸を楽しむ古典落語

畠山健二

PHP文庫

○本表紙図柄＝ロゼッタ・ストーン（大英博物館蔵）
○本表紙デザイン＋紋章＝上田晃郷

はじめに

昨今は「落語ブーム」などといわれている。

落語といえば、八っつぁんに熊さんが登場してドタバタ劇を繰り広げ、「呑《の》む・打つ・買う」が公然と行なわれる世界。そこに人情や涙といった調味料も加わる。今の世知辛い世の中とは時代が違うが、すんなりと落語の世界に入っていけるのは、我々が日本人としてのＤＮＡをしっかりと受け継いでいるからだろう。

落語的要素は現代でもあちこちに散らばっている。「男はつらいよ」のエンディングで、ついホロリとなってしまうのも落語的な趣向や機微が身体に染みついている証拠だ。

人間が生きていくにはつらいことも多い。だが深刻な問題も「落語的」という物差しに合わせてみると、微笑ましいものになってしまうから不思議だ。ここに落語の奥深さがあるのだろう。つまり落語は、日本人が気楽に生きていくための教科書なのだ。

日本には四季があり、人々は季節と大きな関わりを持ってきた。それが証拠に年中行事や記念日などは季節と同居している。

入学式は春。終戦記念日は真夏のイメージだ。体育の日になれば秋を実感し、クリスマスや正月は冬を連想させる。

落語は日本人が生活する上で起こりうるほとんどすべての出来事を網羅している。その中には季節の匂いや色彩があちらこちらにちりばめられているはずだ。

本書は落語の解説本ではない。

落語を楽しむためのサポート本だ。物語の背景にある潮流や事情を知れば、落語はもっと身近なものになるだろう。

『超入門！　江戸を楽しむ古典落語』などと大層なタイトルをつけてしまったが、紹介する古典落語の中から、季節感や、江戸市井《しせい》の情緒や風俗を感じとっていただければ幸いだ。ただ、私はお笑い作家なので、小難しいことを書くのはどうも苦手だ。少しは笑っていただこうと思う。

それではお時間まで、ごゆっくりとお楽しみください。

畠山健二

超入門！　江戸を楽しむ古典落語〈目次〉

第二章　江戸っ子の生活

生業

旅

冠婚葬祭

暮らし

＊あらすじは著者が妥当と思われる演者の速記録をもとに構成しました。
＊最近の人権擁護の立場から好ましくない語句や表現に関しては、落語が成立した時代背景や落語の芸術性を考慮し、削除や訂正を行ないませんでした。

第一章 歳時記

長屋の花見

ながやのはなみ

あらすじ　店子《たなこ》連中、上野で花見と洒落こんだが

貧乏長屋の一同が、朝そろって大家に呼ばれた。みんな、どうせ店賃《たなちん》の催促だろうと思って恐る恐る行くと大家、「春の盛りだし、みんなで上野の山に花見と洒落こもう」と。ところが、酒は煮だした番茶、玉子焼きと蒲鉾《かまぼこ》は沢庵《たくあん》と大根のこうこ。毛氈《もうせん》も蓆《むしろ》という情けなさ。一同ぼやきながら上野の山へ。

桜は満開で、大変な人だかりだが、こちらはお茶けでお茶か盛り。蒲鉾は「漬けすぎですっぺえ」。大家の命令で一句吟じても、「長屋中歯をくいしばる花見かな」。陰気で仕方がない。「どうだ。灘の生一本だ」「宇治かと思った」「口当たりはどうだ」「渋口だ」。酔った気分は「去年井戸へ落っこちたときとそっくり」。一人が湯のみをじっと見つめて「大家さん、近々長屋にいいことがあります」

「そんなことがわかるかい？」「酒柱《さかばしら》が立ちました」。

歳時記 江戸の花見は無礼講

日本の年中行事の多くは神仏や先祖、五穀豊穣や無病息災といった慎み深くて厳格なものに関与している。ところが花見には無礼講で自由闊達な雰囲気が漂う。

地球温暖化などとは縁のない江戸時代。暖房設備も限られている冬は、今とはくらべものにならない寒さだったはずだ。熊が冬眠するようなもので、人々の行動範囲は狭まり、気分もふさぎがちになる。そんな江戸っ子にとって花見は待ちに待った春を告げる儀式。

なんといっても「桜」がいい。梅や菜の花のように、いつまでもだらだらと咲いていていない。

酒を飲んで騒ぐ媒体として花見を利用するのは今も変わらない。当時は長屋の花見に参加しないと、のけ者にされたそう。そりゃそうだろう。長屋といえば一種の共同体である。団塊の世代も、ひきこもりもない時代だから、団体行動を乱す者は許されないのだ。

それに花見の席でほかの町内の連中と喧嘩になって、怪我人が出ても、「花見だから」と示談で済ませることが多かったそう。まさに乱痴気騒ぎだったわけだ。それはこの落語からもうかがえる。随所に「長屋同士の対抗意識」が見え隠れするからだ。島国根性といってしまえばそれまでだが、いいじゃないの、それが日本人の特徴なんだから。

江戸の花見の三大スポットといえば、上野の山、向島、そして飛鳥山となる。それぞれに特徴があったようだ。

まずは上野の山。ここは徳川将軍家由来の寛永寺のお膝元でもあり、庶民などは足を踏み入れることができない高貴な場所。だが花見のシーズンだけは、朝から午後四時まで立ち入ることができた。

酒を飲むことは許されたが、三味線や太鼓を鳴らしたり、裸になって踊るなどはご法度。見回りの山同心《どうしん》が六尺棒を持って取り締まりに来るので静かな花見だったそう。だったら酒も禁止にすりゃいいのに。飲んで騒ぐなって、そりゃ無理ってもんだ。

「そんな野暮な花見はたえられねえ」という江戸っ子は飛鳥山へどうぞ。現在の北区王子にある飛鳥山公園。元文二（一七三七）年に、八代将軍吉宗の命によって桜が植えられ、それ以降、江戸一番の花見の名所となった。桜の下では、あちこちで三味線の音色が響き、歌に踊りにと盛り上がったに違いない。

向島は現在の隅田公園。ここに桜を植えたのも吉宗。背中に桜吹雪が舞う北町奉行、遠山の金さんのほうがオチがつくんだけどなあ。

当時の江戸庶民の多くは江戸の東部、隅田川周辺に住んでいた。上野の山じゃ騒げないし、飛鳥山は遠い。それならばってんで、向島も花見の名所になったようだ。なんだよ、消去法かよ。墨田区の住人としては納得できないなあ。現在は桜まつりの時期になると隅田川の桜橋近くに墨堤組合《ぼくていくみあい》のお茶屋が出て、向島の芸者さんがお茶や団子を運んでくれる。

春の陽射しと、桜の花びらを楽しみながら、隅田川を行き来する屋形船を眺めるなんて、なんとも乙だ。吉宗に感謝しなくちゃね。

背景 親子以上に親密だった大家と店子

江戸時代のお屋敷や大店《おおだな》は通りに面していたが、長屋はその裏手の路地に並んでいた。うーん、いつの世も貧乏人はつらいなあ。長屋の横にある空き地には、長屋の住人が共同で使用する井戸、雪隠《せっちん》（便所）、ごみ溜め、稲荷などがあった。便所は当然、汲み取り式だからけっこうな香りが漂っていたに違いない。ウォシュレットがないと耐えられない私に、長屋での生活は無理だろう。

長屋は細長い平屋を簡単に仕切っただけ。住人たちはどんな部屋で暮らしていたのだろうか。長屋は「九尺二間《くしゃくにけん》」などと揶揄されており、間口が九尺（約二・七メートル）、奥行きが二間（約三・六メートル）だったのがその由来。子どもと一緒に、近所の公園にこの間取りを石で描いてみたが、その狭さには驚くばかり。ここに土間があって、ここが流し台だろ、このへんに布団と箪笥の一つも置いたら……。おいおい、もう寝る場所なんてないじゃないか。

「長屋の花見」に登場する貧乏長屋の連帯感は、このような長屋の構造や生活様式から生まれている。薄い壁での暮らしじゃ個人情報は筒抜け。路地から家の中は丸見えだし。夫婦喧嘩の次第は一夜にして長屋中の知るところとなる。女房連中が毎朝参加する井戸端会議ではサミットよりも充実した討議が交わされていたはずだ。井戸の底に溜まったごみをさらう「井戸さらい」や便所掃除は、長屋住人の共同作業。まさに長屋全体が一つの家族を形成していたわけだ。そこに貧乏人同士という開き直った結束力もプラスされる。こりゃ無敵ですなあ。

こんな長屋の連中を束ねるのが大家さんだ。大家というと地主だと思われるが、実際は地主から店賃の集金や、入居の管理などを委託されているチーママみたいな存在。だから家賃の滞納者が続出しても「花見に繰り出そう」などと能天気なことを言っていられるのだ。その反面、長屋では重要な役割も担っていた。

江戸時代も中期になると、地方から大勢の人々が江戸に流れ込んでくる。住所不定の者は無宿人として取り締まりの対象となる。大家は住人の戸籍管理だけではなく、出産、結婚、死亡、離縁、勘当、相続などに関与し、場合によっては連帯責任も課せられた。奉行が登場する落語では、お白州《しらす》に大家が同伴する場面に出くわす。後見人や身元保証人としての役目も果たしていたのだろう。

「大家といえば親も同然、店子といえば子も同然」とはたとえではなく、それ以上の結びつきがあったのだ。そんな御一行の花見は毒づき合いながらも楽しそう。

人間の幸福を計る物差しってなんなのだろう。見栄や体裁ばかりを気にして生活している身としては、貧乏長屋の連中がうらやましく思えるから不思議だ。彼らは貧乏を楽しんでおり、そこに悲壮感はない。この貧乏人たちのすがすがしさはどこから生じてくるのか。誰だって金持ちになりたい。でもすべての人が裕福にはなれないのが世の常だ。

「俺たちは貧乏だけど、心の豊かさだけは誰にも負けないよ」

そんな思いがひしひしと伝わってくる落語だ。幸福は他人がうらやむことではなく、自分自身が満足して楽しむことなのだろう。

ひとこと　江戸の桜

今、桜といえば、一般的に染井吉野のことを指す。しかし、江戸時代には染井吉野はなかった。染井吉野は江戸末期、染井村（現在の豊島区駒込）の植木職人や造園師によって育成された新種の桜なのである。

それ以前の桜といえば山桜だった。上野の山に山桜が大量に植えられ、花見文化が定着。その後、徳川吉宗の命によって植えられた苗木も山桜だった。

後に染井吉野が人気になったのは、花見の名所である奈良の吉野の名にちなんで「吉野桜」として売り出されたことがきっかけ。

雛鍔《ひなつば》

あらすじ　糠味噌に小便、親を脅迫する悪ガキ

植木屋が武家屋敷で仕事中、お八歳の若様が庭で四文銭《しもんせん》を拾って、おつきの者にお雛さまの刀の鍔《つば》かと聞くのを目撃して感心。卑しい銭のことは教えないとか。それに引き換え、うちの河童野郎《かっぱ》は同じお八歳でも氏より育ち、悪ガキになる一方と家で女房と嘆いていると、さっそく河童が、小遣いをくれないと糠味噌に小便すると親を脅迫、銭を強奪して逃げる。そこへ、お店の番頭が仕事の催促に来た。悪ガキ、いつの間に戻ったか、穴空き銭を振りかざして「お雛さまの刀の鍔だと思うけど」。聞いた番頭、おまえのとこの子は、銭を知らないのかと感心。女房が屋敷奉公していたので、ためにならない銭は持たさないと苦し紛れに嘘をつくと、好きなものを買ってあげよう、と言う。「ありがとう存じます。お

い、そんなきたねえもの捨てちまえ」「やだい。これで芋を買うんだ」

歳時記　江戸時代の雛祭り

雛祭りは春を予感させる行事。私の家は男系なので雛祭りの経験はないが、女の子にとっては大切なお祭りだ。

節句は季節ごとに無病息災を願う儀式で、江戸幕府でも定められていた。雛祭りは五節句の一つで、三月三日に祝い、別名が桃の節句。農家では農作業が始まる季節に、豊穣祈願やみそぎの行事として人形《ひとがた》を川に流した。また平安時代には貴族子女が人形で遊び、これが「ひいな遊び」と呼ばれていた。今でいう「おままごと」みたいなものだろう。後にこの二つが混同されて雛祭りになったらしい。人形を使った遊びが、雛祭りという儀式に変わったのは江戸時代に入ってから。このころから三月の節句として定着してきた。もとは遊び相手だった人形を飾るようになったのは、人形を身代わりにさせるため。女の子にふりかかる災いや厄を人形に押しつけようというわけだ。なんという身勝手な発想。自分さえよければ人形は不幸になってもよいのか。

江戸時代初期の雛人形は男女一対のものだったが、時代とともにだんだん人形が増えていく。私はこれに祭礼的な意味はないと思う。結局は金満家の見栄の張り合いから始まったのだ。

「お咲ちゃんちの雛人形は五段飾りなの。うちは三段なのに……」

「そうか。番頭さん、すぐに七段飾りにしなさい」

「なに、今度は九段にしただと。ならば、うちは十三段にしなさい」

十三段って雛人形は死刑囚じゃないんだから。だが、実際はこんなところだったのだろう。それが証拠に武家では雛人形が嫁入り道具の一つになり、豪華なものになっていった。

これはあくまで上流武家や裕福な商家の話で、長屋暮らしの庶民が、こんな雛祭りを年中行事としてやっていたとは思えない。だいたい職人にそんな優雅な祭りは理解できないはずだ。人形を買う金があったら借金を返し、酒や博打に使うのが関の山。事実として、「五月幟《ごがつのぼり》」という落語に登場する熊五郎は、叔父さんから「子どもに五月人形を買ってやれ」と言われてもらった金を、その日のうちにすべて飲んでしまっている。職人の子どもにも悲壮感はなかったはず。身分制度がはっきりしていた時代の子どもたちはたくましいのだ。人形なんか飾るより、お菓子でももらったほうが喜んだと思う。貧乏人は現実主義なのだ。

雛祭りの食べ物といえば、菱餅に白酒。あられは、炊いた米を乾燥させてから炒って作った。これくらいなら長屋暮らしの女の子にだって可能だ。それでも楽しかったはず。「花より団子」は老若男女に共通しているのだから。

背景　江戸っ子の金銭感覚

おつきの三太夫が四文銭を拾った若様に「卑しいものでございます」と言う。このひと言に武家の金銭に対する強がりが表れている。質実剛健を旨としていた武家社会では金銭を不浄なもの、卑しいものとしてとらえていた。たとえそれが非現実的な思想であっても武士道精神は貫くのだ。「武士は食わねど高楊枝《たかようじ》」ってか。

それにくらべて職人の悪ガキは現実的だ。あの手この手を使って親から金をせしめ取ろうとする。自分の子どものころを思い出すと、とても他人とは思えない。などと感心している場合じゃないぞ。うちの河童野郎も昔の私と同じことをやりだした。因果応報《いんがおうほう》ってやつか。

「雛鍔」からは武家屋敷の若様と、職人の息子との身分の違いがわかり興味深い。どちらが幸福かはわからないけど。

江戸の職人の家計簿はどのようになっていたのか。江戸時代は二百七十年ほどと長く、その間に貨幣価値も変わっているので、具体的な例を挙げるのが難しい。だが商家に奉公した同年代の人間より稼げたのは間違いない。むしろ稼ぐ額よりも使い方に問題があったと思われる。金に細かく、セコいのは腕に自信のない証拠として冷笑され、職人はそれを嫌がったのだろう。

若様は四文銭を拾って「お雛さまの刀の鍔ではないか」と浮世離れしたことを

言う。私の想像だが、若様には姉がいてお屋敷にはさぞ立派な雛人形があったのではないか。江戸時代になると、雛祭りは女子誕生の初節句も兼ねるようになり、身分の高い武家では雛人形が重要な嫁入り道具になった。そして争うように贅沢になっていく。よかった、うちには女の子がいなくて。河童野郎に感謝しなければならない。

ひとこと　四文銭

江戸時代の貨幣は、金貨、銀貨、銭貨の三種類に分かれていた。庶民、農民が一般的に使用していたのは銭貨で、若様が拾った四文銭は明和五（一七六八）年に鋳造された寛永通宝《かんえいつうほう》。真鍮《しんちゅう》製で裏面に青海波《せいがいは》の模様があり、青銭、波銭《なみせん》とも呼ばれた。四文銭一枚はおよそ現在の百円に換算され、四枚でそばを食べられたそう。四文銭一枚で惣菜などを買える四文屋という商売もあったようで、現在の百円ショップを彷彿とさせる。

ひゃくねんめ

百年目

あらすじ　大店《おおだな》の堅物番頭に裏の顔、ありゃま意外

ある大店の一番番頭、治兵衛。四十三だが、まだ独り身で店に居つき。若い者にやかましく、堅物で通るが、裏では大変な遊び人。きょうもひいき回りを装い、柳橋の芸者、幇間《たいこもち》連中を引き連れて向島へ花見に繰り出し、ドンチャン騒ぎ。悪いことに、そこで旦那と鉢合わせ。動転して「ごぶさたを申し上げております」。治兵衛、クビを覚悟したが、旦那は帳簿を調べ、穴があいていないのに感心。翌朝、番頭を呼び出し、インドの栴檀《せんだん》の大木と南縁草《なんえんそう》という雑草の持ちつ持たれつを例にひき、若い者が立ち枯れないようにやんわり注意する。そのうえで、自分で儲けて派手に使うおまえは器量人だとほめる。旦那の温情に番頭はただ感涙。

「ところで、きのう『ごぶさた』と言ったが、私と毎日会うのになぜ」「あんなざまでお目にかかり、これが百年目と思いました」

歳時記　一度は体験してみたい、雅な船遊び

大店の一番番頭、治兵衛は芸者、幇間を引き連れて桜が満開の向島に繰り出す。

お手軽な花見といえば、ただ桜の下を歩くだけ。ごみも出さないしエコの時代にぴったりだ。一般的な花見は、桜の下に陣取り、重箱を開いて酒を飲む。たしなむ程度のつもりが、暴飲から鯨飲《げいいん》へ。気がつけば桜のことなどすっかり忘れて醜態をさらす。これが日本に伝わる正しいお花見の姿だ。

江戸の桜の名所といわれる上野や飛鳥山とくらべて、向島が異なるのは隅田川があること。桜の時期ではなくても船遊びは贅沢なものだった。古今亭志ん朝《ここんていしちょう》は「船徳《ふなとく》」のマクラで「猪牙《ちょき》で小便千両」と語っている。猪牙とは猪牙舟のこと。

揺れる猪牙舟の上で、筒をあてがいうまく用を足すのは至難の業。これに慣れて平然と小便ができるようになるほど遊ぶには千両の金を使うというたとえだ。この船遊びに花見が合体したら、風雅このうえない。老舗の旦那にでもなったつもりで、ちょっと想像してみようか……。

隅田川の川沿いは桜が満開。芸者衆や取り巻き連中を引き連れて屋形船に乗り込むのだ。障子を開けると春の風が船の中を吹き抜ける。なんともよい心持ちだ。川面に反射する陽射しが眩しいなあ。好みの芸者が隣に座り、上半身をこちらに傾ける。

「まあ、おひとつ……」

徳利《とっくり》を持つ細い指先がなんとも色っぽい。白粉の香りもたまりませんなあ。

「まあ、いい飲みっぷりだこと。私にもご返杯いただけますか」

紅をさした薄い唇に日本酒が吸い込まれる。うーん、日本酒になりたい気分だ。しばらくすると芸者の頬はほんのり桜色に。こりゃ桜よりもこっちの花見のほうがいいぞ。いや待てよ。せっかくの花見なのだから、少しは桜も観賞しなければ。隅田川のほとりには桜が長いトンネルのように咲き乱れている。こうして屋形船から眺める桜は壮観だ。せっかく三味線もあるのだから都々逸《どどいつ》の一つも唸ってみるか。そのとき風に乗ってきた桜の花びらが芸者のうなじにはらりと落ちるのだ……。なんという雅な世界。一度は実体験してみたいなあ。

屋形船は平安時代から貴族の遊びなどに使用されてきたが、江戸時代になると、隅田川を中心にして、花見や月見、そして花火見物などに利用されるようになった。船上に屋根を設け、障子と座敷があり、中は一見して和室のような造りになっている。現在の屋形船とほぼ同じってことか。もちろんエンジンとスクリューはないけど。屋形船は櫓《ろ》を使わずに棹で操ることになっていた。静かに進まないと風流さに欠けるもんね。大店の金満家たちは屋形船を盆栽や提灯で飾り、芸者、幇間だけではなく、板前まで引き連れて船遊びを楽しんだそう。

治兵衛は発覚を恐れ、屋形船の障子を締めきる。これじゃなんのための花見だかわからない。されど酒が入るにつれタガが外れ、本性を表す。土手に上がると目隠しをして芸者衆と鬼ごっこ。落語家にとっては最大の見せどころだ。

もちろん今でも、こんな粋な遊びを楽しむ旦那衆は健在だ。向島の芸者さんに尋ねてみたら、桜のシーズンの屋形船は一年前から予約がいっぱいだとか。問題なのは桜の開花。せっかく芸者衆と船に乗り込んでも、暖冬で予想より開花が早く、桜は散ってすっかり葉桜になっていることもあるとか。おまけに隣に座った芸者は姥桜《うばざくら》だったりして。

背景　百年かかりそうな番頭への道のり

「百年目」に登場する商家がどれほどの大店だったかは定かではないが、太平の世の中が続く江戸では、商人たちが勢力を伸ばし、武士たちの生活は困窮してくる。士農工商とは名ばかりで、武士の中には、次期に支給される切米《きりまい》（小禄の武士に年三回支給された扶持米）を担保に商人から借金をする者も増えてきた。「太平の沙汰も金次第」か。

江戸中期の豪商、紀伊国屋文左衛門や三井越後屋の三井八郎兵衛高利などが有名で隆盛を極めたが、大店に勤めるほうは苦労が多かった。資本主義社会の原理原則ですなあ。

町人の子どもは十歳を過ぎると、お店に丁稚として奉公に出される。給料もなければ小遣いもなし。おまけに休みもなし。家に帰れるのは年に二回の藪入《やぶい》りだけ。おいおい、労働基準法はなかったのかよ。仕事は掃除や使いっぱしり。落語には定吉《さだきち》なる丁稚の小僧がたびたび登場するが、隙を見つけてはなまけ、番頭を馬鹿にしたりするのが物語の救いとなっている。

十年ほどこの生活に耐えると、元服《げんぷく》をして手代《てだい》となる。手代は丁稚と番頭との中間に位置する身分で、羽織や雪駄《せった》の着用が許された。このあたりは落語界と似ている。入門して前座となり、四、五年で二つ目に昇進して羽織が許される。ここでやっと世間から落語家と認められるのだ。まあ、認めたくない人もたまにいるけど……。

手代として、さらに真面目に働くこと十年。やっと番頭の声がかかる。治兵衛のように大番頭になるにはまだ先が長い。

ちなみに文献によると三井越後屋の出世コースは次の通り。

丁稚↓手代↓組頭格《くみがしらかく》（ここで管理職）↓支配人↓通勤支配人（ここで所帯が持て、別家に住める）↓名代《みようだい》↓元方掛名代《もとかたかかりみようだい》↓元締め↓大元締めとなる。トップに上り詰めるのは、キャリア官僚が事務次官になるより難しかったかも。

大店になると、主人は店に顔を出すこともなく、商いのすべては大番頭が取り仕切る。まさに商人としての才覚が試されることになるわけだ。通常、丁稚や手代などは主人と接することはなく、大番頭がもっとも怖い存在だった。大番頭としての仕事が主人に認められると、退職金的な金を拝領し、暖簾《のれん》分けが許され、晴れて一国一城の主になることができる。涙なくしては語れない。

真面目一徹で通っていた治兵衛が、乱痴気騒ぎを主人に見られたときの衝撃は察しがつく。苦労に苦労を重ね一番番頭にまで昇進した月日が崩れ去るかもしれないのだから。床で布団をかぶった治兵衛の脳裏には丁稚からの日々が走馬燈のように浮かんだだろう。

そして翌日。恐縮した治兵衛に語り込む主人の言葉は奥が深い。経営者や管理職の方には胸に突き刺さるはず。肝の据わった主人の度量の広さには敬服するばかり。

参考になることがたくさんあるが、その前に、経営者や管理職になれるかが問題だ。

ひとこと 百年目

「ここで会ったが百年目、観念しろ！」という台詞を時代劇などでよく耳にする。この落語のオチにもなっている「百年目」。百年寿命を保つのは難しいということから、「おしまいのとき」「運命のとき」「運のつき」などを指す。「ここで会ったが百年目」の後には「優曇華《うどんげ》の華」とも続くが、優曇華の華は仏典に出てくる伝説上の花。三千年に一度しか咲かず、そのときには偉人が誕生する、如来が現れる、といわれている。

うなぎのたいこ
鰻の幇間

あらすじ　野幇間《のだいこ》は踏んだり蹴ったり、真夏の悪夢

野幇間の一八《いっぱち》にとって、真夏はつらい季節。金持ちの旦那はみな、避暑で東京を留守にしている。一日歩いてやっと見つけた、どこかで見たような旦那。鰻でも食っていこうじゃねえかと言ってくれたので、もう一八は夢見心地。蒲焼きを待つ間、腕によりをかけてヨイショしはじめる。ところが、いくらお宅はどちらでと尋ねても「先《せん》のとこじゃねえか」としか言わない。そのうち大将、はばかりへ行ってくると席を立って、それっきり。一八、心配になって厠《かわや》をのぞくともぬけの空。仲居が「お連れさんが、先に帰るが、二階で羽織着た旦那に勘定をもらってくれ、と」。そのうえ、六人前の土産を持ってったとか。一八、泣きの涙で、八つ当たりしながら、なけなしの十円札とおさらばし、帰ろうとすると下駄

がない。「あ、あれもお連れさんが履いてらっしゃいました」

歳時記　鰻は江戸っ子のご馳走

夏に鰻を食べる習慣は古く、万葉集にも「石麿にわれ物申す夏痩に良しといふ物そむなぎとり食せ」と詠まれている。「夏バテで痩せちゃった石麿ちゃんに、鰻でも食べたらって言いました」ってとこか。そのころは「むなぎ」と呼んでいたようだ。鰻は高タンパクで夏バテには最適。炎天下をフラフラしていた幇間《たいこもち》の一八にとっては願ってもないご馳走だったわけだ。

ところで、鰻は寿司や天麩羅と並んで江戸の料理の一つに数えられている。寿司や天麩羅の食材は江戸前の東京湾で獲れるのだからうなずける。なぜ江戸っ子は鰻にこだわるようになったのか。私の説は「京都人」に対する見栄と意地である。江戸は歴史のない町だ。「京都のやつらが鱧《はも》を食ってるみてえだから、こっちもなにかを食おうじゃねえか。よーし、形が似てるから鰻にしちまおう」って。強引な意見だが、案外そんなもんかもよ。

鰻といえば土用丑《どようùし》の日。土用はともかく、なぜ丑の日に鰻なのか。文政（一八一八～一八三〇年）のころ神田の和泉橋にあった鰻屋が、丑の日ごとにお得意さまに鰻を届け、これが評判となって土用丑の日が定着したという説もある。江戸では寿司も、天麩羅も、そばも屋台で立ち食いだったのに対し、鰻屋は当初から店を構えていたので、高級な食べ物としてのイメージが受け継がれてきたようだ。

東西での料理法が大きく違うのも鰻の特徴だ。もちろん蒲焼きのことである。関西では鰻の腹を裂いて串に刺し、焼いてからたれをつける。武家社会の江戸では腹を切るのは縁起が悪いので背から裂く。蒸して余計な脂を落としてふっくらと炊き上げる。たれを何度つけるかは店独自の判断だ。江戸時代中期になると、料理も文化として発展し、地域ごとの特色が出てくるようになった。

鰻の生態には謎が多く、生後十年くらいになると海に下り、奄美大島や硫黄島付近の深海で産卵すると考えられていた。平成十八（二〇〇六）年に東京大学海洋研究所のチームが、ニホンウナギの産卵場所をグアム島沖のスルガ海山付近らしいと突き止めたそう。鰻は生態も身体もつかみにくい。

関西では鰻のことを「まむし」と呼んでいる。由来は「鰻飯（まんめし）」から、「飯蒸し（ままむし）」から、「真蒸し」から、飯のうえに「まぶす→まぶし」からと、こちらも謎が多い。

鰻は好物だが、高級店に行くと注文を受けてから鰻をさばき、焼きはじめるので、せっかちな私にはつらい。ビールやお新香などでごまかすが、あの匂いが強烈だからなあ……、ってもう一年以上も食べたことがないんだけど。

背景　幇間は聞き上手

二十年近く前のこと。ある落語家の真打《しんうち》披露の宴席で悠玄亭玉介《ゆうげんていたますけ》師匠の幇間芸を見た。もちろん、こちとら料亭のお座敷に芸者をはべらせ、幇間を呼ぶほどの財力はないので、あれが最初で最後になったが、粋で艶っぽい芸だったなあ。

幇間とはお座敷などの宴席で客の機嫌をとり、遊興を盛り上げる男で、「男芸者」などと揶揄されることもある。

柳橋や新橋、赤坂といった一流料亭や吉原の遊郭に属していた幇間もいれば、「鰻の幇間」に登場する一八のように、金になりそうな旦那を見つけ次第つきまとうハイエナのような幇間もいて、これを「のだいこ」と言った。幇間は営業行為を釣りに置き換えて、客に取り巻くことを「釣る」と表現した。路上で取り巻くのが「丘釣り」、客の家に押しかけるのが「穴釣り」などと言った。ってことはご相伴にあずかれなかった日は「きょうはボウズで……」となるわけか。

幇間の腕の見せどころはかっぽれや色っぽい一人芝居などだが、いちばん難しいのは「聞き上手」ってやつだろう。旦那のグチを一手に引き受けられたら一八ではなく、いっぱしの幇間だ。

「鰻の幇間」といえば八代目桂文楽《かつらぶんらく》。これは定説になっている。三遊亭圓生《さんゆうていえんしょう》が「鰻の幇間」を演じたのは文楽が亡くなってから。このへんに名人圓生の気位が感じられる。この噺の名場面は、騙されたことを知ってからの一八。一人で悪態をつく一八が哀れだが笑える。
落語は江戸時代の設定が多いが「鰻の幇間」は明治から大正にかけての雰囲気が漂っている。そういえば夏目漱石の『坊っちゃん』で教頭に媚びへつらう美術の教師につけたあだ名が「のだいこ」だった。釣り落としたら「ボッチャン」でげすぞ。

ひとこと 鰻の蒲焼き

蒲焼きの調理法が確立されたのは江戸時代初期で、その後、巷《ちまた》で人気の料理になった。しかし、当時の蒲焼きの値段は二百文。一文を二十五円に換算すると、現在の五千円に相当する。江戸の農民の月収は現在の価値に換算して約九万円。鰻の蒲焼きは贅沢品、高級品として庶民はなかなか食べられなかったのも納得だ。中でも深川や神田川で獲れた鰻は絶品で、最高級品とされた。その界隈には鰻の人気店も多かったという。

大山詣《おおやままいり》り

あらすじ　梅雨明けのお楽しみ

六月、長屋の講中《こうじゅう》で、大家を先達に大山詣りに出かける。今年は、怒ったら二分《ぶ》の罰金、喧嘩すると丸坊主という罰則つき。熊五郎が毎年、酒に酔って喧嘩沙汰を繰り返すからだ。無事に参拝し、帰りの程ヶ谷《ほどがや》の旅籠《はたご》で、熊が風呂場で大立ち回り。決まりというので、寝込んでいる熊をクリクリ坊主にし、置いてけぼりで一行は早立ちしてしまった。翌朝目を覚ました熊、気づいてカンカン。復讐しようと早駕籠《はやかご》で先回りし、ひと足先に江戸に着く。長屋に帰ってかみさん連中を集め、船が難破して全員溺死、自分だけ生き残った申し訳にと、坊主頭を見せたから、さあ大変。パニックの女房たちを、菩提《ぼだい》のためだと残らず丸坊主に。一同読経の最中に戻った亭主連中、熊のしわざと知って怒り心頭。これを大家がなだめ、「お山は晴天、みな無事で、お毛がなくっておめでたい」。

歳時記 大山詣りは江戸っ子の娯楽

江戸時代、庶民の旅にはなにかと制約が多かった。「入り鉄砲に出女《でおんな》」のたとえ通り、関所では素性や荷物などを入念に調べられ、特に女性は、江戸でなかば人質になっている各藩大名妻子の帰国を取り締まるために、厳しく監視された。そんなこんなで江戸の旅は男が楽しむ傾向が強くなる。

旅に出やすい口実としては寺社参詣があった。大義名分というやつですなあ。大がかりなものとしては、お伊勢詣りや金比羅参詣など。だが江戸から出発するこれらの旅は、現代の地球一周旅行にも相当する。せいぜい一生に一度が関の山。お手軽なものはないかと始まったのが大山詣り。当時は富士山や大山など、山岳信仰がブームになっており、街道には参拝客を目当てに旅籠《はたご》が立ち並んだ。大山は神奈川県伊勢原市にある修験道の山で、江戸からはちょうどよい距離。水の神を祀ってあったので、火災や厄除けの信仰を集めていた。旧暦の六月二十七日から七月十七日まで、奥の院石尊大権現《せきそんだいごんげん》に参拝が許され、この期間に大義名分をフル活用した方々がやって来る。まさに江戸の夏のイベントだ。

六月の下旬になると、あちこちで大山詣りに旅立つ人たちを見ることができた。大山詣りの一行は夏の風物詩だったわけだ。

先ほどから、大義名分などと回りくどい言い方をしてきたが、落語「大山詣り」に登場する連中が信仰目的で旅に出たとはとても思えない。落語だから大げさなフィクションなのかと思いきや、これがそうでもない。江戸も平成も実態は大差ないのだ。

参詣旅行の横綱ともいえるお伊勢詣りは、時間もかかるし金もかかる。四、五日ほどで全行程を終了できる大山詣りは、お手軽そのものだ。

男どもが旅に出ると、ろくでもないことを引き起こすのは時代が変わっても同じ。

江戸の男どもは大山詣りのために、一年間金を積み立て、体調を管理し、女房におべっかをつかい、身だしなみを整え、万全を期して大山詣りに備える。もうすでに信仰などという清らかな言葉は遠い彼方に消え去っているのだ。そもそも近場で手軽に済まそうと考えるやつに敬虔な信者などいない。それが証拠に富士山に詣でる一行は白装束という気合の入った揃いの格好だったのに対して、大山詣りの連中は普段着に近い。早々に大山参拝を済ませると、藤沢や江の島の遊郭でドンチャン騒ぎ。中には大山詣りには参加せずに、遊郭に直行していた連中もいたとか。私も確実に後者になっていたと思われる。

背景　髷《まげ》は命よりも大切

大山詣りの問題児、熊五郎は約束を守れずに酒をくらって暴れ、眠っている間に頭を丸められてしまう。現代では「坊主頭」など特に違和感はないかもしれない。ところが江戸時代では話が違う。髷の時代、出家をして僧になったわけでもないのに、丸坊主になるのは、罪人などわけありの場合が多かったからだ。「毛がなくておめでたい」などとのんきな洒落をほざいている場合ではない。よく時代劇では悪役の武士が髷を切られて腰を抜かすが、あれは死にそうになった恐怖ではなく、髷を落とされたショックなのだ。髷がなければ切腹だったのかな。伝統を重んじる大相撲でも、髷が結えなくなったら引退という話を聞いたことがある。昔は容易に髷が切れなかったことは間違いない。

落語「大山詣り」には別に「百人坊主《ひゃくにんぼうず》」というタイトルもある。熊五郎の猿芝居を信じて、頭を丸めた女房連中の姿は圧巻だったろう。「丸坊主みんなでやれば怖くない」ってとこか。仕返しに、自分の頭を剃った野郎の女房だけを騙して坊主にしてしまうと落語として成立しない。一同ひっくるめてというのが救いになっているのだろう。江戸時代では女性の場合、髪型を見れば、身分、未婚か既婚か、それに大まかな年齢まで察しがついたそうだ。つまりそれだけ髪結いの仕事は複雑だったともいえる。近所にいる若作りのおばさんは、江戸時代にタイムスリップしたら町娘の髪型にすると思うが、果たして許されるのだろうか。

平成大山詣りを町内会で復活させたいが、やめておこう。たぶん坊主にされるのは私だから。

ひとこと　山岳信仰

水や木材などの経済資源が備わり、雄大で迫力ある姿から、山は神霊が宿る場所と信じられてきた。科学や医学が未発達な江戸時代、神や仏にすがろうと信心深く、富士や大山を仰ぎ見て生活していた庶民たち。交通網が整った江戸中期から参詣旅行が盛んになったのは、自然な流れだった。女性の登拝は許されず、木太刀《きだち》をかついで納める大山詣りは、鳶《とび》や職人、芸能関係者など、威勢のよい男性が多かったようだ。

酢豆腐《すどうふ》

あらすじ　キザな野郎、通人気取りでからかわれ

夏の暑い盛り。町内の若い衆《し》が、暑気払いに一杯と相談がまとまるが、腐った豆腐のほか肴がなにもない。そこを通りかかったのが、横町の若旦那。通人気取りのキザな野郎。あいつを騙してこれを食わしちまおう、と決まる。呼び込んで、舶来品のもらいものがあるが、と例の豆腐を差し出した。「もちろん、これは拙《せっ》ら通の好むもの」「そんなら食ってみてください」。逃がすものではない。一同がずらりと取り囲む中、引くに引けない若旦那。「ううん、この鼻へツンとくるのが……ここです。味わうのは。この目にぴりっとくる……目ぴりなるものが、ぷっ、これは乙だね」「おい、食ったよ。いや恐れ入りました。これはなんてえもので？」「これは酢豆腐でげしょ」「うまいね、酢豆腐なんぞは。たんとお

あがんなさい」「いや、酢豆腐はひと口に限りやす」

歳時記　江戸の衛生対策

昭和三十年代、日本は高度成長期となり、白黒テレビ、冷蔵庫、洗濯機は主婦のあこがれの的で「三種の神器」と言った。これを江戸時代に置き換えてみると、もっとも必要だったのは冷蔵庫ではないか。テレビなんかなくても寄席に行けばいいし、洗濯なんか亭主にやらせれば済む。もちろん、これは妻の意見であるが……。私がかすかに覚えているのは木製で、上に氷を入れて冷やす原始的な冷蔵庫。テプコ浅草館で展示してあり、思いのほか感動した。

冷蔵庫など影も形もない江戸時代、庶民はどのような衛生対策をしていたのだろうか。特に梅雨から夏場の食べ物には、食中毒などの危険が多かったはず。顕著なのが江戸前寿司だ。「江戸前」というのは東京湾で獲れましたというアピールで、新鮮さを強調するための言葉。そうは言っても生物《なまもの》だからなあ。腐敗対策としてさまざまな調理法が考えられていた。

酢飯にしたのがその第一歩。山葵《わさび》を入れたのも防腐効果があったからだろう。鮪《まぐろ》は「ヅケ」と呼ばれ醬油漬けにされたし、鯖《さば》やこはだは酢で締めた。東京湾産が絶品な穴子はふっくらと炊き上げ、煮汁を詰めてつける。海老も茹でて美しい赤みを出したし、玉子やかんぴょうは、おして知るべし。江戸前寿司は新鮮な魚介類を提供しているかのように思えるが、実は食材に手を加え食の安全を施していたわけだ。江戸前寿司は注文すると、なぜ二個セットで出てくるのか。昔はネタの種類が少なく、ひと通り食べても満腹にはならない。それで二個セットにしたのが今でも受け継がれているそう。ネタが多くなった現在は一個ずつ注文してもいいらしい。ただし回転寿司は除くけど。

夏に食された江戸の食べ物を文献で調べてみると、なるほど、腐りにくいものが多い。代表が素麵と冷麦。素麵と冷麦は、太さは違うがどちらも小麦粉に食塩水や植物油を加え、天日干しにして乾燥させたもの。腐敗とは無縁の食材だ。暑さで食欲低下に陥り「素麵にでもしておくか」などは今でもよくある光景。体力が落ちたときに食中毒にかかりやすいわけだから、夏に食べやすく、腐敗にも強い素麺や冷麦は一石二鳥の食べ物なのだ。昔の人は賢いなあ。

何度もたれにつけて焼く鰻の蒲焼きも日持ちがしそう。泥鰌《どじょう》も夏の食べ物で、汗を流しながら鍋をつっつくのも江戸っ子の粋な姿だ。

背景　「酢豆腐」と「ちりとてちん」

「酢豆腐」といえば八代目桂文楽《かつらぶんらく》。黒門町《くろもんちょう》の師匠だ。「黒門町」の別称は文楽が住んでいたから。あこがれちゃうよな、黒門町って。ちなみに私の息子は黒門小学校を卒業している。

江戸っ子はキザで通人気取りの野郎が大嫌い。まさに「酢豆腐」で敵役を演じる若旦那のことだ。この若旦那が嫌われる原因の一つに語り口調がある。自分のことを「拙《せつ》」などと呼ぶ。「拙」は自らのことをへりくだって言う言葉で、幇間《たいこもち》などが使用していた。遊び慣れていることを強調したいのだろう。若旦那が登場するとき「おや、こんんち、お揃いでげすな」とは十年早い台詞だ。文楽も日常会話では「〜でげすな」と言っていたようだが、下衆な若旦那とは役者が違う。私もふだんから「げす言葉」を使いたいが、六十五歳までは封印するつもり。それまでに遊び人として男を磨かなくては。

江戸と上方で、同じ古典落語を使い分けることは多い。「時そば」が「時うどん」、「お神酒徳利《みきどつくり》」が「占い八百屋」だったりする。この「酢豆腐」は上方では「ちりとてちん」となる。物語に大差はないが、あちこちに江戸と上方の違いが見えて面白い。江戸では若旦那自身に「こ、これは酢豆腐でげしょう」と語らせているのに対して、上方では若い衆が「長崎名物ちりとてちん」と無茶な名をつけて差し出す。このあたりが粋を好む江戸と、外連味《けれんみ》が好きな上方との差だろう。その最たる点がオチだ。江戸の若旦那は「酢豆腐はひと口に限りやす」ときれいにまとめているが、上方は「ちょうど豆腐の腐ったような味や」とストレート。笑いが多く取れるのは上方仕様だと思うが、まあ、これは趣味の問題だ。拙には甲乙をつけがたいでげす。

ひとこと　豆腐

江戸時代初期、豆腐は庶民にとって贅沢品で、祭りや盆、正月などのハレの日にしか食べられなかった。慶安二（一六四九）年に出された「慶安御触書《けいあんおふれがき》」では、農民の豆腐の製造すらも禁じている。一方、徳川家光の食事には数々の豆腐料理が並んでいたようだ。豆腐が庶民の食卓で一般的になったのは、江戸時代中ごろから。豆腐が庶民の間に広まると同時に、豆腐のパートナーとして欠かせない醤油も広まっていった。

千両蜜柑《せんりょうみかん》

あらすじ　暑い盛りに蜜柑《みかん》、江戸中探しまわって

若旦那が患いつき、食事も受けつけなくなった。どの医者も「気の病で、心に思うことがかなえば全快する」と言うばかり。旦那が番頭に命じ、やっと白状させた若旦那の願いは「蜜柑が食べたい」。ところが季節は土用《どよう》の八月。どこに蜜柑がある。旦那に「江戸中探してこい」とどやされ、番頭は必死でさまようが、あるわけがない。最後に教えられた多町《たちょう》の蜜柑問屋で、たった一個腐らずに残った蜜柑がなんと千両。一房百両はする。帰って報告すると、いつもはケチな旦那が、倅《せがれ》の命には代えられないと承知。喜んで食べた若旦那は、三房を残しこれを両親とお祖母さんにと番頭に渡す。番頭が来年別家してもらうのがせいぜい三十両。「えい、ままよ、一房百両」と、番頭、蜜柑三房持ってずらかった。

歳時記　夏の食べ物

江戸の人々は、夏にどんなものを食していたのだろう。演題の蜜柑にちなみ、まずは果物、野菜部門から。

夏といえば西瓜《すいか》。これは常識だ。西瓜の原産地は南アフリカだが、江戸初期には日本にお目見えしている。川の水や井戸に沈めて冷やしたのだろう。蜜柑の若旦那、まさか冬には「西瓜が食べたい」なんて言わないだろうな。

今でこそ野菜で季節感などは感じないが、江戸時代は違う。夏野菜っていうやつだ。胡瓜《きゅうり》も夏野菜の代表だ。ところが江戸の人々は胡瓜をあまり食べなかったそう。八五郎とか熊五郎が味噌でもつけて酒の肴にしていそうだけどな。やれ毒があるだの、下品（どうしてなのだ）だのと言われ敬遠されたそう。香りが原因だったのかも。私は気にならないが、知人には何人かいる。「胡瓜の匂いを嗅ぐと自分が鈴虫になったような気がする」だと。夏野菜で人気があったのは茄子。

当時はナスビと呼ばれていた。初鰹《はつがつお》ほどではないが、初茄子は珍重され、かなりの値がついたようだ。駿河の初茄子が徳川家康に献上され、それ以後も初茄子は毎年、将軍家に献上されていた。南瓜《かぼちゃ》は夏から秋にかけての野菜だ。当時の呼び名は唐茄子。唐茄子は晩夏が旬という証拠が「唐茄子屋政談《とうなすやせいだん》」だ。勘当され、息絶え絶えになった若旦那が叔父さんに助けられたのは、もうすぐ土用という暑い日。翌日から唐茄子売りをさせられるので季節考証もバッチリだ。

お次は魚部門。初夏を告げるのは鮎。塩焼きがたまりませんなあ。鮎は肉に香りがあるので「香魚《こうぎょ》」とも呼び、また寿命が一年なので「年魚《ねんぎょ》」とも呼ぶ。鮎は春先から川を上ってくるが、体長が十センチを超えないとおいしくない。そして特に江戸で好まれたのが泥鰌《どじょう》だ。私が熱狂的に愛してやまない時代劇「鬼平犯科帳」の中でも、泥鰌鍋を食べる場面があって感動した。昔はどこの田んぼや沼地にも泥鰌がいて、子どもたちにとっては遊びと家計を助ける一石二鳥の楽しみだったはずだ。浅草の駒形に越後屋助七《えちごやすけしち》が泥鰌鍋の店を開いたのが享和元（一八〇一）年のこと。この店には今でもよく行くが、下町にある泥鰌屋にはどの店にも江戸の雰囲気が漂っていて渋い。夏バテ防止に泥鰌鍋を食べる習慣は今の下町にも残っている。汗をかきながら食すのが粋なのだ。泥鰌屋で柳川とか、ヌキ（開いて骨を抜いたもの）を注文するのは素人。江戸っ子はマル（原形のまま丸鍋に入れたもの）を食べなきゃ。

鰻だけじゃなかったのね、江戸の夏の食卓は。これだけあれば、蜜柑なんか食べられなくてもいいいじゃないかよ。

背景　江戸の蜜柑はコストインフレ

蜜柑は飛鳥時代にはすでに栽培されており、日本人にとっては馴染みの深い果物だ。もちろん冬の果物で、若旦那ほどのファンはいないにせよ、蜜柑の季節を待ちわびていた人も多かったはず。私が冷やし中華の季節を待ち遠しく思うのと、同じ気持ちだろう。

江戸の庶民が、冬を迎えたとき、今と同じように手軽に蜜柑を食べられたとは思えない。私の想像だが、蜜柑一個がかけそば五杯分くらいしてたんじゃないか。当時の蜜柑が伊豆、和歌山、愛媛のどこから運ばれてきたものか知らないが、輸送にだって相当な手間がかかるし、その間に傷む蜜柑も出て、想像を絶する道のりだったに違いない。まあ、冬っていうのが救いだよな。それにしても高いコストだったたろう。

江戸時代に蜜柑と聞けば、思い浮かぶのが紀伊国屋文左衛門という人物。紀州生まれの豪商だ。海が荒れて船便が絶たれたことにより、江戸で蜜柑の値が上がっているのを知り、決死の覚悟で船での蜜柑輸送を成功させ、莫大な富を築いた。当時はこの話が「あれは紀州の蜜柑船〜」と歌にまでなったそう。ところがこの蜜柑船の伝説は、幕末の小説によるもので史実ではないんだと。きっと紀州と蜜柑の組み合わせで納まりがよかったのだろう。ちなみに文左衛門は逸話に事欠かない人物で、吉原で豪遊し、小判をばら撒いたとか、江戸中の初鰹を買い占め、その中の一匹だけを食べたとか……。なんだか嫌な野郎だなあ。

人間なんて勝手なもの。手の届くところにあれば見向きもしないが、なくなると大切さに気づく。夫や父親もそういう存在なんだぞ。って私は誰に言っているのだ。

ひとこと　万惣《まんそう》

落語の中に出てくる蜜柑問屋を、現在も神田須田町に実在する万惣に設定する落語家がいる。万惣の始まりは青物問屋「万屋《よろずや》」。それに続く初代青木惣太郎が、新潟から現在の場所に店を構えたのが江戸時代だった。「万惣」の名は万屋と初代青木惣太郎の名前に由来している。明治に入ると、観賞用に導入されはじめた外国産のフルーツの品種改良にも力を注ぎ、上流階級に広めた。マスクメロンを作ったのも万惣とか。

たがや

あらすじ　容赦しない侍に居直った職人の必死

五月二十八日は両国の川開き。両国橋の上は見物人でごったがえす。花火を愛でる「玉屋《たまや》」の声しきり。本所方向から旗本の一行。「寄れ、寄れいっ」と強引に渡ろうとする。反対側から通りかかったのが、商売ものの桶をかついだたがや。人ごみでもみ合う中、後ろから押されたはずみに、かついでいたたがが外れ、向こうからやって来た侍に当たり、笠が飛ぶ。「たわけ者め、手討ちにいたす」。たがやは平あやまりだが、侍は容赦しない。居直ったたがや、「血も涙もねえ、のっぺらぼうの丸太ん棒野郎っ」「無礼申すと、手は見せんぞ」。決死のたがやは侍の刀を奪い、次々と供を斬り殺していく。旗本が馬から下り、突いてくる槍の千段巻きを、たがやがたぐって、横一文字に刀をはらうと、勢い余って武士の首が宙に。見物人が「上がった上がったぃ。たぁがやぁい」。

歳時記 両国の川開き

江戸っ子が待ちわびたのが五月二十八日の「両国の川開き」だ。大がかりな花火が始まったのは享保十八（一七三三）年のこと。前年の飢饉による多数の餓死者や、疫病で死亡した人々の霊を慰めるためでもあった。なんで死者の霊を慰めるのが花火なのか理解に苦しむが、派手好きな江戸っ子の発想なのだろう。空の上で安らかに眠っている人たちも驚いて目を覚ますと思うけど。

両国の川開きは八月二十八日まで三か月も続き、船遊びなども楽しめ、この間、スポンサーがつけば花火は毎晩打ち上げられた。

当時、両国は江戸一番の繁華街。今の銀座と歌舞伎町が合併したような場所で、そこで花火となればどれほどの混雑だったか想像できる。当時の風俗画を見ると、両国橋の上は、元旦の明治神宮参道よりも混雑している。よく橋が崩壊しないもんだ。川の上も船がひしめき合っている。よく見ると川の中に人がいるぞ。船から落ちたのか、酔った勢いで飛び込んだのか。阪神タイガースのファンかも。ここは道頓堀じゃないんだけれど。こんな状態では優雅な納涼とはとてもいえない。江戸っ子にとって両国の花火は納涼よりもお祭り的な要素が強かったのではないだろうか。

花火見物ですぐに思い浮かぶのが「玉屋〜、鍵屋《かぎや》〜」というかけ声。子どものころから花火を見ると、意味もわからず条件反射のように叫んでしまうのだ。玉屋と鍵屋は江戸で花火を製造していた花火師の屋号。両国橋の上手から玉屋、下手から鍵屋が花火を打ち上げてその美しさを競った。玉屋は横山町にあった鍵屋の番頭が暖簾《のれん》分けを許されてできたもの。星飛雄馬と花形満のようにお互いが認め合うライバルだったと思うのだが、将軍徳川家慶が日光に参詣する前日に、玉屋が花火の爆発から火災を出し、玉屋は天保十四（一八四三）年に取り潰しとなった。いいじゃないかよ、当日じゃなくて前日だったのだから。大目にみてやればよかったのに。

玉屋は消滅したが「玉屋〜、鍵屋〜」のかけ声だけは残った。むしろ「玉屋〜」のほうが後世に名を残したともいえる。江戸っ子のお上に対する判官《ほうがん》びいきの表れだったのかもしれない。

江戸の花火は原料や構造などを工夫し、さまざまな形を考案したが、色は赤一色だった。色とりどりの花火が楽しめるようになったのは、明治になって化学薬品を輸入するようになってかららしい。

天保になると各地で凶作や飢饉が続き、幕府や諸大名も財政難となり、質素倹約や風俗の取り締まりなどが強化された。この「天保の改革」によって両国の花火も次第に縮小されていった。

戦後、しばらく中断されていた隅田川の花火大会が十六年ぶりに復活したのは昭和五十三（一九七八）年のこと。私が二十一歳のときだった。墨田区本所にある私の家にはたくさんの人が押しかけ、屋上から花火を楽しんだのをよく覚えている。親戚の親父は夜空に開く花火を眺めながら「あの花火みてえに、太く短く生きてえもんだな」とほざいていたっけ。その親父は八十歳を超えた今も元気に生き恥をさらしている。

背景　武士と職人

江戸時代、隅田川は大川と呼ばれていた。大川には北から、千住大橋、大川橋（吾妻橋）、両国橋、新大橋、永代橋の五橋が架けられており、落語ではこれらの橋がたびたび物語の舞台となる。「たがや」の舞台となる両国橋は、下総国《しもうさのくに》（現在の錦糸町方面）と武蔵国《むさしのくに》（現在の浅草橋方面）を結ぶところから、この名がついた。

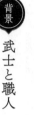

花火が始まる時刻に、下総方面からやって来た旗本と、武蔵方面から帰宅するたがやが出くわすことになる。これは大川を挟んで、武家は西側に住み、職人は東側に住むという住居事情がうかがえる。都心に土地がなくなり、吉良の屋敷のように川向こうに進出してくる武家もいたわけだが。

落語「たがや」は士農工商の世の中で、旗本が振りかざす権力と、職人気質がぶつかり合う話。当時、武家が好んだのが能、狂言で、庶民が好んだのが芝居に落語だ。だから芝居や落語には、殿様や侍を揶揄するものが多い。「たがや」に至っては開き直った職人が旗本の首をはねてしまうのだから、庶民は拍手喝采だっただろう。本来はたがやの首が飛ぶ結末だったらしいが、時代の流れで立場が逆転したようだ。

「たがや」とは道端で桶を修理したり、緩んだたがを取り替えたりする職人だ。たがとは、樽や桶の周囲に捲きつけて外れないようにする竹を割ってたがねた輪のこと。酒に酔った私の代名詞、「たがが外れた男」という表現のもとになっている。桶を作るには、別に「桶職人」がいたので、たがやはたがを捲きつけるだけの仕事だったのか。まあそれだけ需要があったのだろう。

京都などでは「居職《いじよく》」と呼ばれる家で仕事をする職人が多かったのに対して、江戸では「出職《でじよく》」と呼ばれる外に出かけていく職人が多かった。たがやは「出職」の代表格だ。職人の賃金は想像以上に高く、腕がよければかなりの収入がある。職人の善し悪しは腕のみであって、なまじ読み書きなどができると、仲間内では馬鹿にされた。

恥をかかされた旗本は、武家の特権を嵩にかけ、たがやをいたぶり続ける。そして地べたにひれ伏して命乞いをするたがや。この場面を強烈に描かないとこの落語は成功しない。演じる落語家は客席全体をたがやの味方につけなければならないからだ。

ケツを捲《まく》ったたがやの反撃はすごい。うちの女房と双璧だ。「ケツを捲る」と「逆ギレ」は違う。「ケツを捲る」とは我慢に我慢を重ねたものの、自らの自尊心のために爆発するもので、これは江戸っ子の特色の一つでもある。流れるような口調で啖呵を切り、喧嘩殺法で旗本や御供の侍に立ち向かうたがやの姿は庶民の代弁者だったはず。野次馬連中からも声援が飛び、落語を聴いている客席も盛り上がる。一方の侍たちは太平の世とあって、武芸者とは名ばかりで、刀も錆びて抜けないありさま。喧嘩慣れしているたがやに次々と斬り倒されていく。最後に旗本の首が宙に上がり、見物人が「たがや～」と声をかけるオチはちょっとキツイ気もするが、まあ、たがや落語だからね。

ひとこと　江戸っ子

天明四（一七八四）年、当時の人気作家、山東京伝《さんとうきょうでん》が「彙軌本紀《いきほんぎ》」という作品の中で、江戸っ子のことを「水道の水で産湯を使い、自宅の窓から江戸城の鯱《しゃち》を見て、大金を小遣いのように使う」と、定義している。水道とは、神田上水や玉川上水のこと。また、「粋」と「はり（意地）」を重んじ、江戸に両親ともに三代住み続けなければ真の江戸っ子とはいえない、とも。今の東京に「江戸っ子」はどのくらいいるだろう？

船徳《ふなとく》

あらすじ　道楽過ぎた若旦那、あこがれの船頭に……

道楽が過ぎて勘当され、柳橋の船宿、大枡《だいます》の二階で居候の身の上の若旦那、徳兵衛。暇をもてあまし、芝居の船頭のいなせな姿にあこがれて「船頭になる」と宣言。ちょうど暑い盛りの四万六千日《しまんろくせんにち》。馴染み客の通人が二人やって来た。あいにく船頭が出払っている。女将が止めるのも聞かず、徳、二人を乗せ、大桟橋《おおさんばし》までの約束で船を出すことに。ところが、同じところを三度も回ったり、石垣に寄ったりと散々。徳「蝙蝠傘《こうもりがさ》の日那、石垣をちょいと突いてください」。傘で突くと、間に挟まって抜けずじまい。「おあきらめなさい。もうそこへは行きません」。大桟橋目前で、とうとう浅瀬に乗り上げた。客の一人がもう一人をおぶって、水の中を歩いてあがったが、船に残された徳、青い顔で「おあがりになりましたら、船頭を一人雇ってください」。

歳時記　暑い盛りの江戸の行事

現在の下町で、夏を感じさせる催しといえば、六月に開かれる浅草、お富士さんの植木市。七月に入って入谷、真源寺《しんげんじ》での朝顔市。真源寺の別名は入谷鬼子母《いりやきしも》神《じん》。そして七月九日、十日が浅草寺でのほおずき市。この三大市に皆勤したら、狭いベランダは鉢植えだらけになってしまうぞ。ここに隠された江戸の特色があるのだ。そしてその特色は現在でも東京の下町で生き残っている。下町の路地裏を歩くと鉢植えの多さに気づく。庭のない長屋では玄関の前や路地に鉢植えを置いて緑を楽しんだのだ。朝顔やほおずきの鉢を持って歩く姿は江戸の夏の風物詩だったのね。

七月九日、十日は四万六千日と呼ばれ、この日に浅草寺をお参りすると、四万六千日分お参りしたのと同じご利益があるのだとか。江戸中期までは千日分だったが、いつの間にやら四十六倍にハネ上がった。ものには限度ってもんがあるでしょうに。四万六千日といったらざっと百二十六年ですぞ。この日を限りに、生涯浅草寺にお参りしなくてもいいってことかよ。とにかく今でも浅草のほおずき市には大勢の人が押し寄せる。しかし、若者よ、浴衣を着るのはいいことだが、もうちょっと着こなしを勉強してね。

徳兵衛に散々な目にあわせられる二人の客は、この四万六千日に柳橋の船宿から船に乗り込む。厳しい暑さだったのは二人の会話からもうかがえ、隅田川の風に吹かれて浅草まで出向こうとする気持ちはよくわかる。柳橋は神田川が隅田川に合流する北側に位置し、江戸では知られた花柳界だった。勘当された道楽者の若旦那が居候するには打ってつけの場所だ。

船は徳兵衛の見事なまでの無様な漕ぎっぷりによって、隅田川をさかのぼる。実際は両国橋の南側から駒形橋までだから、歩いても造作ない距離だ。客は後悔したことだろう。

落語「船徳」の見せどころは、なんといっても船を漕ぐしぐさだ。ところがこれが難しい。徳兵衛はズブの素人。達者に見えてはいけない。だが形を決めたいのも落語家の性《さが》だろうし、観る側もそれを望んでいるはずだ。ここは二人の客を過大に慌てさせることによって、徳兵衛の素人さを伝えるほうがよいだろう。

目的地だった場所は駒形橋の西詰めにあった大桟橋。駒形堂という小さなお堂があり、ここをあがると正面に雷門が見えたはずだ。

原話ではこの後、徳兵衛は精進していっぱしの船頭となり、幼馴染みの芸者とめでたく結ばれるらしいが、そこまで演じる落語家はいない。醜態をさらしたまま終わる徳兵衛のほうが、愛されるキャラクターなのだろう。

背景　放蕩《ほうとう》息子の成れの果て

落語に登場する若旦那に勤勉実直な人物はまずいない。「明烏《あけがらす》」では真面目すぎて親を手こずらせる厄介な若旦那にもお目にかかれるが、ほとんどは道楽三昧から勘当という基本コースを歩む。徳兵衛が正式に勘当されたのか、懲らしめのための勘当だったのかは定かではない。正式な勘当となると手続きも大変だったらしい。道楽息子が正式に勘当されるまでの流れを追ってみようか。

まず大店《おおだな》の主（父親）が親類縁者を呼んで協議に入る。「店の金を無断で持ち出している」「吉原じゃ若様と呼ばれているそうだ」「店の仕事はまったく覚えない」「乾物屋のお千代ちゃんをはらませた」「この前はうちに吉原から馬を引っ張ってきやがった」……。もう散々である。挙手の結果、勘当に賛成が九、反対が一。反対したのは一緒に吉原通いをしていた叔父さんのみ。さっそく町役人などが証人となった「勘当届書」を作成し、奉行所に提出する。奉行所が勘当を許可すると、人別帳《にんべつちょう》（戸籍）から外され無宿人となってしまう。木枯し紋次郎と同じ扱いだ。家督や財産の相続権が剥奪されるのはもちろんのこと、長屋の店貸しや旅籠《はたご》での宿泊もできなくなる。勘当をするほうにもかなりの覚悟が必要だったわけだ。にもかかわらず勘当する親がいたのはなぜか。江戸時代は犯す罪によって親や親戚までもが罰せられることがあった。そのうえ、店の取り潰しにでもなれば犠牲になるのは親族だけではすまないのだ。道楽もほどほどにってことか。

現行の法律では親子の縁を切ることはできない。勘当とは名ばかりで法的な執行力はないのだ。残された道は遺言だ。くわしくは最寄りの弁護士さんまで。譲る財産があればの話だが。

ひとこと　四万六千日

参拝すれば四万六千日分のご利益があるとされる、浅草寺の功徳日。江戸時代の庶民はこの日にこぞってお参りし、雷よけの赤玉蜀黍《あかとうもろこし》や盆の草飾りを買って帰った。ほおずき市も同時開催され、現在もさまざまな屋台や出店で賑わうが、この日売られるほおずきや風鈴も、もともとは仏壇に飾るためのものだった。ほおずきは効果的な薬草、風鈴の音色は夏に流行する疫病を遠ざける、という由来もある。

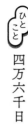

皿屋敷《さらやしき》

あらすじ　気味悪い怪談も、あれま一転、爆笑譚に

播州赤穂城下に「皿屋敷」という怪奇譚《かいきたん》があった。その昔、青山鉄山《あおやまてつさん》という藩士が、女中のお菊という絶世の美女を口説いた。どうしてもなびかないので、そちが家宝の皿を盗んだと、さんざん責めさいなんだあげく、手討ちにして死骸を井戸にドボーン。以来、毎晩、井戸からお菊の亡霊が出て、恨めしそうな声で「一枚、にまあい」と九枚まで皿を数えると、ヒヒヒと笑う。それが評判で、見物人で押すな押すなの大盛況。お菊もすっかりその気になり、常連には「まあ旦那、その節はどうも」と愛嬌を振りまき、張り切って務めるので人気は増すばかり。ところがある晩、九枚までのはずが「じゅうまあい、じゅういちまあい」……と、ついに十八枚まで。「おい、お菊ちゃん、皿は九枚までじゃねえのか」

「あしたはお盆で休むから、その分数えとくのさ」

歳時記 エコな冷房

日本人は幽霊や心霊現象が大好きだ。興味があるといったほうが適切かもしれないが。幽霊を信じるか信じないかは各人の自由。だが怖いものは怖いのだ。それがいつの間にやら「夏」と合体した。

幽霊が夏の季語になっているのは暑いからにほかならない。背筋が凍りつくような怪談を聴けば、エアコンよりも効果があるし、室外機も必要ないので地球環境にもやさしい。江戸時代の寄席は薄暗かったはずだから、真に迫る怪談噺などを聴かされたら、効果は抜群だ。幽霊はさておいて、江戸の人々はどのような暑さ対策を講じていたのだろうか。電気などがない時代、室内の温度を下げるとか、冷風を送るのは不可能だ。せいぜい団扇《うちわ》か扇子どまりだろう。もちろん今よりも気温が低かったのは間違いないし、夜などは意外と涼しかったのかもしれない。ただ風通しの悪い裏長屋などでは寝苦しい夜もあったはずだ。江戸の人たちが求めたのは精神的な涼しさだ。昔の人は風流だってこと。だって身体ではなく、心で涼しさを感じようとしたのだから。

風鈴などはその典型だ。音が鳴るのは風が吹いている証拠。暑苦しい夜に心地よい風鈴の音を聞けば風を感じることができる。条件反射ってやつだな。私も風鈴を買ってエアコンの送風口に吊るしている。強風にするとうるさくて眠れないが。

夏の風物詩で欠かせないのが金魚だ。金魚は十六世紀に中国から輸入され、観賞用としてセレブに愛された。その後は品種も改良されて庶民にも親しまれるようになった。江戸では夏になると金魚売りの姿をあちこちで見ることができた。金魚を入れた桶を天秤棒でかつぎ、町中を呼び歩く。「金魚〜え〜金魚〜」の売り声に子どもたちが集まってくる。今でも子どもが縁日で金魚を見て興奮するのと同じだな。さて、ここで疑問が生じる。ビニール袋のない時代にどうやって金魚を持ち帰ったのだろうか。当時は金魚玉と呼ばれるガラスの容器とセット販売されていた。風鈴のガラス玉をひと回り大きくしたサイズで、これに金魚を入れ、軒先に吊るして観賞した。これなら長屋の住人だって金魚を楽しむことができるもんね。水の中で尾びれを動かす金魚を見て、涼しさを感じたのだろう。

晩夏になれば、金魚売りとともに虫売りも登場する。虫の音は秋を感じさせるからなあ。金満家の方々は屋形船に乗って川面の風を楽しみ、庶民は行水で汗を流し、身体を冷やす。な、なんだよ。よく考えてみたら暑気払いの方法なんていくらでもあるじゃないか。こりゃ国会でも検討してほしいな。日本の七月八月の過ごし方を江戸時代に戻すのだ。ついでにその二か月だけは吉原もぜひ復活させてほしい。

背景　全国に存在するお菊さん

幽霊が登場する落語は楽しいものが多い。「皿屋敷」などはとても怪談とはいえない内容だ。お菊さんをここまで茶化してよいのか。怒って化けて出てくるかもしれないぞ。

落語「皿屋敷」は「お菊の皿」とも呼ばれ、「播州皿屋敷《ばんしゅうさらやしき》」が基本になっている。日本には同じような「お菊」伝説がたくさんある。「尼崎《あまがさき》のお菊」では皿は登場しないが、屋敷に奉公していたお菊が、食事の中に針が入っていたことを理由に折檻《せっかん》され、井戸に投げ込まれて殺害される。福岡県にはお菊が身を投げたという井戸もあるそう。江戸時代の人々が幽霊を信じていたのは、自分たちの力では解明できない出来事が起きたときに、幽霊のしわざにして納得するため。そのほうが逆に安心だったのだ。

東京で皿屋敷といえば番町である。岡本綺堂《おかもときどう》が「番町皿屋敷《ばんちょうさらやしき》」を書いたためだ。番町は江戸時代、旗本屋敷が多くあった場所。今でも最高級住宅街だ。興味深いのは「四谷怪談」の四谷とは歩いて行ける距離。庶民の長屋が連なる場所と違って、人通りの少ない旗本屋敷町は昼でも不気味な雰囲気がしたのだろう。下町の喧騒の中じゃ、幽霊も出にくいだろうからなあ。

「皿屋敷」の後半部分は、新作落語的な雰囲気が漂う。「あしたは休む」というオチは、ほぼ固定されているが、オチに至るまでの経緯はまちまちで、かなり遊びを入れることができる。

怪談噺といえば、初代林屋《はやしや》（家）正蔵《しょうぞう》。文化十四（一八一七）年に仕かけや人形を駆使した演出の怪談噺を両国の寄席で披露し、評判になった。

「四谷怪談」「皿屋敷」「牡丹灯籠《ぼたんどうろう》」を日本三大怪談と呼ぶようだが、落語の「皿屋敷」は除外してほしい。笑い者にされちゃ、お菊さんが浮かばれない。

ひとこと　幽霊

月明かりと点在する提灯がぼんやりと灯る江戸の夜。そんな不気味な雰囲気の中、幽霊や妖怪をネタにした小噺、絵画、歌舞伎などが多く出回った。日本では幽霊には足がないというイメージが一般的。そのイメージのもとは下半身の薄ぼんやりした幽霊が描かれた、円山応挙《まるやまおうきょ》作の「幽霊図」が有名になったから、というのが有力な説。江戸の川端に生えていた柳の木や、お寺などでたかれるお香の煙からなどともいわれている。

永代橋《えいたいばし》

あらすじ　橋が崩落、歴史的な事件をモチーフに

下谷車坂町の太兵衛《たへえ》と同居人の武兵衛《ぶへえ》は、揃ってそこつ者。文化四（一八〇七）年八月十九日、日曜日の朝、深川八幡の祭礼の日。武兵衛は見物に出かけたが、永代橋の雑踏で紙入れをすられた。ひいきの旦那の家で、自棄酒《やけざけ》で酔い潰れていると、永代橋が落ち、大勢溺死という知らせ。こちらは太兵衛。翌朝、番所から、武兵衛の死骸を引き取りに来いとお達し。飛び出すと武兵衛とばったり。「おめえは昨夜溺れ死んだんだ」「そりゃ大変だ」。武兵衛が死骸を見て、自分じゃないと言いだし、いや、てめえだ、と大喧嘩。もめていると役人が、見覚えがあるかと出したのが昨夜すられた紙入れ。掏摸《すり》が身代わりに溺れたらしい。「早合点しやがって。お役人さま、どっちが悪いかお裁きを」「おまえは勝てん」「な

ぜ」「タヘイ（多勢）にブヘイ（無勢）はかなわない」

歳時記　江戸は夏祭りの宝庫

江戸っ子の祭り好きは相当なもの。祭りのために生きているといっても過言ではない。お囃子《はやし》が耳に入ってきたら身体が震え出し、神輿《みこし》を見ようものなら血圧は上がり、自制心は低下する。いってみればお祭り馬鹿だ。

江戸三大祭は、神田明神の「神田祭」、日枝神社の「山王祭《さんのうまつり》」。ここまではいいのだが、残りの一つが問題だ。正式には落語「永代橋」で登場する富岡八幡宮の「深川祭」だと思うのだが、浅草の「三社祭《さんじゃまつり》」だと言い張る人もいる。この浅草と深川の対立は恐ろしい。以前、ある雑誌に浅草の三社祭について「ソイヤ系のかけ声は神輿をかつぐリズムに合って景気がよい」と書いたところ、深川派から「正統派の神輿をかつぐかけ声は『ソイヤ』ではなく『わっしょい』だ。このド素人が」と抗議文が届いた。浅草と深川の中間地点で育った私としては、騒動に巻き込まれたくないので、きょうから江戸四大祭にしましょう。

神田祭は、浅草の三社祭とほぼ同時期の五月中旬に行なわれる。神田祭は山車《だし》を引く祭礼だった。山王祭も雅な行列系の祭礼で、江戸時代では行列が通る道端に座敷が作られ多くの見物人で賑わった。

そして富岡八幡宮の深川祭はもっとも暑さの厳しい八月十五日前後に開催される。三年に一度の本祭りでは百二十基もの町神輿が勢揃いし、その光景は圧巻だ。深川祭の目玉はなんといっても大神輿だ。元禄時代には金張りの宮神輿が三基あった。紀伊国屋文左衛門が奉納したそう。金満家はやることが派手ですなあ。これは震災で焼失したが、実物を見たかったなあ。

山王祭などは見物志向の強い祭りだが、三社祭、深川祭は住人参加型の祭り。その同じ参加型でも三社と深川では、かけ声と同様に微妙な違いがある。興味深いのはかつぎ手たちのスタイル。三社は袢纏の下に股引《ももひき》が多いが、深川は半ダコ系。どちらかといえば深川のほうが規律正しく、統率がとれている感じだ。べ、べつに浅草の三社祭が乱れているとは言っていませんよ。なんで、こんなに気を遣わなければならないのだ。

深川祭は「水かけ祭り」の異名も持つ。沿道の観衆がかつぎ手に向かって水を浴びせる。建前はお清めの水だが、酷暑猛暑の折には水でもかけなきゃ死んじまうからな。

江戸でこれだけ祭りが盛り上がるのには理由がある。それは地域の団結なのだ。徳川家康によって築かれた江戸は、いわば新興都市。住人が結束するには媒体が必要だ。それが祭礼なのだろう。私の知人も祭礼の準備と称して町内の旦那衆と毎晩のように飲み歩いている。町内の結束よりも、家族の結束のほうが心配だ。

背景

永代供養

落語「永代橋」は実話から生まれた噺。文化四（一八〇七）年八月十九日、富岡八幡宮の祭礼に殺到した群集の重みに耐えられず、正午ごろに深川寄りの橋脚が折れて永代橋が落橋した。死者、不明者が千四百人という大惨事である。富岡八幡の祭礼が十二年ぶりだったことと、十五日に行なわれる予定だった祭礼が雨で四日間も延期になったことも災いした。この事故が起きる八十年ほど前に、財政難に陥った幕府は永代橋の維持管理を放棄し、町方で管理することになった。幕府が財政難なら町方だって右へならえだ。費用が捻出できずに抜本的な修繕は行なわれなかった。行政の怠慢ってやつか。いつの世も変わらないな。お祭り好きな江戸っ子にとっては、そんな危険を感じる余裕などなかったはず。「みんなで渡れば怖くない」ってことだったわけだ。

情報機関のない時代では、知人の安否が気になるところ。情報を求めて右往左往したに違いない。落語ってやつはこの悲惨極まりない状況をまたしても茶化してしまう。不謹慎さは私とどっこいどっこいだ。自分が死んだと勘違いされ、「死んだ気がしない」という展開は「粗忽長屋《そこつながや》」と似ている、というより完全に同じ。「粗忽長屋」と「永代橋」を続けて聴いたら面白いかもしれない。

赤穂浪士が討ち入り後に吉良の首を掲げて渡ったのが永代橋。大惨事が発生するおよそ百年前のこと。ちなみに当時の永代橋は現在よりも上流に架かっていたが、明治三十（一八九七）年に日本初の鉄橋として現在の場所に架設された。

富岡八幡宮の深川祭を見物に行ったら、永代橋に寄ってガラにもなく手でも合わせてみようかな。「祭りの後の寂しさ」っていうし。

ひとこと　江戸の掏摸

江戸時代の有名な掏摸が、坊主小兵衛と髪結の助だ。当時、掏摸は親分と子分の関係で長年の修業を積み、華麗なテクニックを持っていた。腕のよい掏摸は指二本であっという間に巾着を盗んだとか。しかし四回捕まると死罪という、現代にくらべると厳罰。掏摸を日々繰り返していては、三十代を迎える前に首を捕られる確立が高い。よって、三十を過ぎた掏摸は稀で、伝説とされた。その伝説に残るのが冒頭の二人だ。

めぐろのさんま

目黒のさんま

あらすじ　「さんまは目黒に限る」とは名言

雲州《うんしゅう》松江《まつえ》の殿様、松平出羽守《まつだいらでわのかみ》が在府中のある日、早朝から二十騎ほど従え、上屋敷から目黒まで早駆け。目黒不動尊参詣を終え、上目黒辺りの田舎道で、殿様、にわかに腹がグウと鳴った。ちょうど昼時で、近くの農家で焼くさんまの匂いがプーン。もとより下種《げす》な魚で、大名の口に入るものではないが、譲ってもらって食すと、空腹だけにこれが美味。以来、病みつきになり、江戸中のさんまを買い上げたうえ、江戸城中でさんまの講釈を並べたてる。負けじと、黒田侯が各地の網元から買いあさったが、重臣どもが気を回し、塩気と脂を抜いて調理させたから、パサパサでまずいことこのうえない。怒った黒田侯が松平侯に文句を言うと、「して、貴殿、いずれからお取り寄せになりました」「家来に申しつけ、房州の網元から」「ああ、それはまずい。さんまは目黒に限る」。

歳時記　さんまは下種？

さんまは秋になると産卵のために房総沖までおりてくる。このさんまがいちばんうまい。まさに秋を感じさせる旬の味だ。

「目黒のさんま」が落語として成立するには、二つの条件がある。まずは世間知らずな殿様の存在。落語は大衆が楽しむ演芸だから、自分たちが日常的に食しているもので狂喜する殿様が滑稽に思え笑えるわけだ。もう一つがさんまの存在。前述した条件にぴったりと当てはまったのがさんまだろう。それに季節限定の噺はなにかと重宝だ。秋口に寄席をのぞいてこの噺が聴けないことはまずない。

庶民がさんまを食べるようになったのは、棒受網《ぼううけあみ》という漁法が用いられるようになった江戸時代後期から。撒き餌などでさんまを集めて一気にすくい上げる方式だ。旬のさんまは絶品なのに、なぜか下種な魚と見なされていたようだ。原因はなんだろう。大量の煙が出るのも嫌われる理由だ。江戸の住人がもっとも恐れたのが火事。長屋の路地からあんな煙が上がれば半鐘《はんしょう》が鳴り響いて江戸の町は大騒ぎになる。脂も原因の一つかな。洗剤もないから皿を洗うのが大変だ。でも、さんまが冷遇された最大の理由は江戸っ子気質にあると思う。江戸っ子は見栄っ張りなのだ。

対極の魚が鰹《かつお》だ。初物や高価なものが好きだからなあ。女房を質に入れても初鰹を食わなきゃ江戸っ子の名折れとまでいわれていたのだから。質屋から断られた人はどうするのだ。四月になると伊豆や相模湾で獲れた初鰹に江戸っ子は熱狂する。文化九（一八一二）年に料亭八百膳《やおぜん》が仕入れた初鰹は三本で十両だったとか。十両といえば「紺屋高尾《こうやたかお》」の久蔵《きゅうぞう》が三年間、必死になって貯めた金額ですぞ。初物好きの江戸っ子の馬鹿さ加減がよくわかるってもんだ。

目黒の農民はどのようなルートでさんまを仕入れていたのだろう。農民は目黒で収穫した農作物を行商する。目黒でさえ農家しかないわけだから、行商の目的地はその時代に遊郭があった品川や芝方面となる。芝には魚河岸があり、ここで旬のさんまを手に入れたのだろう。

近所の爺さんは秋になると、よく七輪でさんまを焼いていた。それも道端でだ。空腹のとき、その前を通るのはつらかったなあ。これを「殿様気分を味わう」と言うのだろうか。

背景　大名の食事

江戸時代、目黒は将軍家の鷹狩り場として知られていた。目黒には徳川幕府由縁の目黒不動尊があり、参詣と鷹狩りを兼ねて将軍がたびたび訪れたという。秋の日に、旬のさんまを焼く煙と匂いには殿様も勝てなかったわけだ。

ところで将軍や大名は、普段の生活ではどのような食事をしていたのだろうか。将軍は午前六時過ぎに目を覚ます。顔を洗ってから朝食。二の膳つき一汁三菜が基本だった。膳にのせて出す食物を膳部《ぜんぶ》といい、二の膳とは膳が二つつくこと。食後に月代《さかやき》や髭を剃って大奥に出向き正室とご対面。政務を行なう部屋に戻って側近たちと会談し、報告などを受ける。そんなこんなでもう昼だ。昼食も二の膳で、魚は鯛、平目、鰹など。午後は基本的に自由時間となる。まさか変装して市中には出ないと思うが。さて夕食だ。なんだか一日中食事をしているみたいだな。ある大名の夕食を再現した写真を見ると、本膳には鱚《きす》の煮物、野菜の盛り合わせ、ぜんまいの煮つけ、蛤のお吸い物と味噌汁、お新香にご飯。二の膳が鯛のおかしらつきに酒杯となっている。さんまがなくて安心した。

大がかりな鷹狩りの後には「野宴」が開かれることもあった。野に幕を張り、料理人が腕をふるうのだ。アウトドア派の将軍や大名に仕えるのは大変だったろうな。

「さんまは目黒に限る」というオチは落語の中でいちばん有名かもしれない。この落語は途中がへたくそであっても、最後のオチさえ決まればなんとかごまかせる。だが私は一度だけ見た。いい雰囲気で噺を運んできたのに最後のオチで「目黒はさんまに限る」と言ってしまった落語家を……。

ひとこと　毒見役

殿様がさんまの味に感動したのは、空腹だったからという理由だけではない。殿様が城内で食事をとる際は、必ず侍従が毒見をすることになっていた。そのため常に冷えた料理を食べていたわけで、殿様は焼きたてのさんまの温かさと香ばしさにえらく感動したのだろう。ちなみに毒見役という命がけの役職だが、寛文八（一六六八）年、陸奥国《むつのくに》仙台藩第三代藩主・伊達綱宗の毒見役、塩沢丹三郎が実際に毒で亡くなっている。

そば清《そばせい》

あらすじ　そばの食いくらべをめぐる奇談

旅商人の清兵衛は、そばの食いくらべでは無敵。天高い秋、越後から信州のほうに回ったとき、道に迷った山中で、大蛇が狩人をひとのみするのを目撃する。大蛇が傍の黄色い草をひとなめすると、たちまち人間が消化されたのを見た清兵衛、その草を摘んで江戸へ持ち帰った。さっそく友達に、そばを七十杯食ってみせると宣言、食えたらそば代は全部友達持ち、おまけに三両の賞金という賭けが成立。いざ始まると、そばが口に吸い込まれていくようで、みるみる五十杯。清兵衛、さすがに苦しくなり、休憩したいからと中入りを申し出て、みなを廊下に出したうえ、障子を閉めさせて、例の草をペロリペロリ。声をかけても返事がないので、おかしいと思って一同が障子を開けると、清兵衛の姿はない。逃げ出したかとよく見たら、そばが羽織を着て座っていた……。

歳時記　江戸時代にもあった大食い大会

食欲の秋。つい食べ過ぎてメタボ街道まっしぐらだ。「そば清」の主人公、清兵衛は大食いが仇《あだ》となったが、私も気をつけないと。

江戸時代になると、それまでは朝と晩だけの一日二食だった習慣が、朝、昼、晩と三度の食事になった。明暦三（一六五七）年に江戸で大火が発生し、町を再建するために集まった労働者に昼食を出したのがきっかけという説がある。

神田に青果市場ができ、日本橋には魚河岸が立ち、多くの食材が市場から仲買人を通して江戸庶民に流通するようになった。これにともない江戸の食文化は急速に発達することになる。もう一つの要因は調味料の普及だ。塩、醤油、酢、味噌に加えてみりんや砂糖、中でも昆布や鰹節などの出汁《だし》が日本料理には欠かせない存在となる。江戸近郊の野田や銚子では醤油、流山ではみりんなどが製造され、江戸特有の味つけが確立されていったのだろう。立ち食いそば愛好家の私としては真っ黒な江戸前つゆしか認めないからなあ。

清兵衛が今の世に生きていたら、大食い番組に出演し、CMに写真集に自叙伝出版と、間違いなく人気者になったと思うが、江戸時代にも大食い大会は開催されていた。文化十四（一八一七）年に柳橋の万八楼《まんぱちろう》という料理屋で開かれた飲食くらべの記録が残されているが、その内容は信じがたい。酒の部で優勝した鯉屋《こいや》利兵衛《りへえ》の記録は一斗九升五合（約三十五リットル）。おいおい、急性アルコール中毒で死ぬぞ。飯の部で優勝した男の記録は、茶漬け碗で飯を六十八杯に醬油二合。な、なんだ醬油二合っていうのは。自殺行為じゃないか。菓子の部では饅頭五十、薄皮餅三十、羊羹七本、お茶十九杯という記録が打ち立てられている。

さて、そばの部はどうか。一位になった池之端の山口屋吉兵衛が二八そば中盛りを六十三杯。新吉原の桐屋惣左兵衛が五十七杯で二位。以下、浅草の鍵屋《かぎや》長助《ちょうすけ》が四十九杯、神田の魚屋《さかなや》新八《しんぱち》が四十三杯と続く。ここまで細かく記録が残っているのだから、真実なのだろう。そう考えると、清兵衛がそばを五十杯食べたのも不思議ではない。その十四年後にも同店で大食い大会が催され、各部の優勝者を見ると、油揚げを百五十枚、唐辛子を二百十房、梅干を六百個、醤油を一升八合、塩を三合など、馬鹿馬鹿しいにもほどがある記録が残っている。醤油と塩の部で優勝した人のその後が知りたいが、まあ、天下泰平ってことだな。

楽しんで食べることを学んだ江戸時代の人々。タイムマシンがあったら、深川あたりの料亭で江戸の料理を堪能してみたい。そばは一杯で充分だけど。

背景　「食べる」ではなく「たぐる」

江戸でそばが食べられるようになったのは寛永（一六二四〜一六四四年）のころ。正式名称は「そば切り」で、これを略して「そば」といった。

そばといえば信州というイメージがある。それが何故《なにゆえ》江戸っ子の食べ物になってしまったのか。当時のそばは蒸籠《せいろ》で蒸したもの。今でもそばが蒸籠の上にのって出てくるのはその名残なのだ。

明暦（一六五五～一六五八年）のころ、浅草北寺町に称住院という寺があり、その敷地内に支院、道光庵があった。この道光庵の住職が信州の出身でそば打ちがうまく、江戸中の評判となり、別名「そば切り寺」と呼ばれた。今のそば屋の屋号に「庵」という字が多いのもその名残。そばは名残だらけなのだ。「そば切り寺」などによってそばは庶民の食べ物として広がっていった。

また、そばは縁起物の食べ物としても欠かせない。慶事にも食されたが、引越しや大晦日には今でもそばを食べる習慣が残っている。

夏目漱石の『我輩は猫である』の中に「うどんは馬子の食うもんだ」と雑言を吐き、そばを食べる場面がある。江戸っ子だった漱石のそばに対する深い愛着がうかがえる。余談だが、漱石はかなりの落語通だったそう。今でも下町にはそばにこだわる輩《やから》がたくさんいる。「そばをたぐる」とか「喉越しで味わう」などのキザな表現がその証だろう。

江戸っ子言葉に「そば屋の釜」がある。「あの野郎はそば屋の釜でぇ」が使用例。私も何度か言われたことがある。そば屋の釜は「湯」だけ。これを「言う」

に引っかけて「口ばっかりでなにもしない」という意味。ちなみに「信州信濃の新そばよりもわたしゃあなたのそばがよい」と言われたことはない。

ひとこと
蛇含草《じゃがんそう》

「そば清」に登場する、人を溶かしてしまう植物の名は蛇含草。この噺自体、もともとは「蛇含草」という演目の上方落語だった。そのルーツをひもとくと、中国、臨安《りんあん》の坊さんが、腹が膨れて苦しそうな者にこの草を与えたところすっかり楽になった。ところが、翌日には骸骨だけになっていたという話が奇聞録に残っている。蛇含草に関しては正体不明の毒草とされ、落語というよりは医療奇譚《きたん》が基盤だったという説もある。

芝浜《しばはま》

あらすじ　大酒飲みの怠け者、女房の機転で人並みに

芝は金杉の裏長屋に住む魚屋の勝五郎《かつごろう》。日頃から大酒飲みで師走というのに大酒をくらって寝ている。女房は亭主を叩き起こして、年も越せないからと、魚河岸へ送り出す。ところが女房が一刻（二時間）勘違いをしていたので、魚河岸は開いていない。時間を潰していた勝五郎が、芝浜で四十二両入った古財布を拾ったから大変。友達を呼んでドンチャン騒ぎの末に、寝てしまう。目覚めて女房にきくと、金を拾ったのは夢。さすがに勝五郎も恥じ入り、改心して酒を断ち、商売に励み、三年後店も構えた。大晦日、女房が出したのはあのときの四十二両。実は大家の知恵で奉行所に届け、落とし主不明でおさがりになっていた。おまえさんが酒もやめて懸命に働くのを見るたび、陰で手を合わせていた、と女房。も

う大丈夫だから、と酒を出す。勝五郎、口に運ぶが、「よそう。また夢になるといけねえ」。

歳時記　大晦日は俗説だらけ

落語「芝浜」は年の暮れに財布を拾ったことから始まり、三年後の大晦日にめでたし、めでたしとなる。ある意味では大晦日がキーワードになっている。落語で大晦日とくれば欠かせないのが借金取り。三遊亭圓生《さんゆうていえんしょう》十八番の「掛取万歳《かけとりまんざい》」は大晦日にやって来る借金取りをあの手この手で撃退する物語。落語の借金取りに悪徳非道な人物は少なく、というよりも間抜けが多く、聴いているほうを安心させてくれる。江戸時代の町人は大晦日になると借金取りに追われるのが恒例だったのだろう。

大晦日が舞台となる落語に「尻餅《しりもち》」がある。この落語によると江戸時代には、大晦日に餅屋を呼んで餅をつく風習があったようだ。

貧乏所帯で大晦日に餅屋を呼べない夫婦が、近所に見栄を張るために女房の尻を叩いて音をさせ、餅屋が来たように見せかける噺。

今の大晦日は、商店を除きどこも休みで落ち着いた雰囲気だ。だが江戸時代は違ったのだろう。掛取りに走る人、それから逃げる人。床屋で月代《さかやき》を剃る人。そして年内に仕事を片づけようとする人。誰もが新しい気持ちで新年を迎えようと必死になっていたはずだ。古今亭志《ここんていし》ん朝《ちょう》の「芝浜」でも主人公が湯屋《ゆや》から戻ってきたときに「すごい人で、まるで芋を洗うようだった」と証言している。夜になってやっと落ちつくってとこでしょう。

大晦日は大晦《おおつごもり》とも呼ばれており、昔からさまざまな行事や習慣があった。現代では、家族関係が希薄になり、友人や恋人を優先させてしまう傾向にあるが、当時、正月は家族全員で迎えるものだった。

食べ物では年越しそばだ。今でも大晦日のそば屋はてんてこまいの忙しさ。パスタ派たちも大晦日だ、正月だっていうと急に日本人ぶりやがって。年間に百食はそばを食べる私としてはちょいと悔しい。「そばのように長く生きられるように」「細く長いおつきあいを」「おそばに末長く」「身代《しんだい》が長続きするように」などが大晦日にそばを食べる理由。これだけ多くの説があるということは最初に「そば」ありきで、理屈を後から考えたのが見え見えだ。その証拠は引越しそば。説の根拠としてかぶるものも多いが、結局、大晦日も引越しも忙しくて簡単な食事で済ませようとしたのが真実だろう。それがそばだったのだ。

説が多くあるのは除夜に鳴らす百八つの鐘も同じ。除夜の鐘は大晦日から元旦にかけて打ち鳴らす。なぜ百八回なのか。スタンダードなのが人間の煩悩の数。十二か月＋二十四節気＋七十二候＝百八という説。四苦八苦を取り払う意味で、四×九＋八×九＝百八などもある。ここまでくると笑えるが、借金取りが百八人も来たからという説はなかった。

背景　棒手振《ぼてふ》りは商売の基本

落語「芝浜」が三遊亭圓朝《さんゆうていえんちょう》の三題噺《さんだいばなし》から誕生したのはあまりに有名。三題は

「酔っ払い」「芝浜」「革財布」という題だった。

江戸の二大市場といえば日本橋の魚河岸と、神田の青物市場。日本橋の魚河岸は慶長（一五九六〜一六一五年）に開設され、これによって庶民に魚が流通するようになる。日本橋以外にも、現在の芝浦に江戸前の小魚を扱う小規模の魚河岸があって、ここを芝浜と言った。魚屋はここで魚を仕入れ得意先を回り、注文があれば、その場でさばくなどのサービスも行なう。これが江戸行商人の伝統的なスタイル「棒手振り」だ。当時は店舗を持たずに、品物をかついで売り歩く行商人が多かった。この人たちをひっくるめて棒手振りと呼んだ。商品を前後に分け、天秤棒を通してかつぐ。棒手振りはなんでもござれ。魚に野菜、冷や水に金魚、二八そばもある意味では棒手振りなのだろう。それにしても江戸の人は体力があったんだなあ……。「かぼちゃ屋」や「唐茄子屋政談《とうなすやせいだん》」を聴けば棒手振りがよくわかるはず。かついでいる人はかなり頼りないが。

この「芝浜」という落語にはいくつかの特徴がある。まずは演じる落語家によって、魚屋の名前、拾った金額、物語の組み立てなどが異なる。逆にいえば演出力の見せどころでもあるが。内容にケチをつける人もいるのだ。魚屋は大金を拾って友達にご馳走してしまうのに、それが夢だと三年間も気づかぬわけがない。芝浜は昼に水揚げした魚を扱うので、早朝からはやっていなかった。魚屋は丸一日も寝ていたことになるのか、などなど。野暮ですなあ。いいじゃないのそんなことは、どうでも。圓朝は勤勉の大切さを落語的に描写しただけなんだから。

ひとこと　時の鐘

江戸時代の時刻の数え方は不定時報にもとづいていた。日の出と日の入りを基本に、昼夜六刻《こく》の全十二刻。よって、季節によって一刻の長さが変わる。そんな複雑な時間を江戸市中に知らせていたのが時の鐘だ。二代将軍秀忠の時代、江戸城にて初の時の鐘が鳴る。その後、市中に約十五か所の時の鐘が存在し民間でもつかれるようになり、市民の生活に欠かせないものに。鐘役銭《かねやくせん》という名目で代金が徴収される区域もあった。

時《とき》そば

あらすじ　お馴染み「今、なんどきだい」

夜鷹《よたか》そばとも呼ばれた、屋台の二八そば屋。冬の寒い夜、飛び込んだ男、そばは細くてこしがあって、竹輪は厚く切ってあって……と、歯の浮くような世辞を並べたてる。勘定の段になると、「いくらだい」「十六文で」「それ、一つ二つ三つ四つ五つ六つ七つ八つ、今、なんどきだい」「九つで」「十、十一、十二……」。一文ごまかして行ってしまう。これを見ていたのが、ぼーっとした男。自分もやってみようと、翌日早い時刻にそば屋をつかまえる。あつらえてみると、そばはグチャグチャ、丼は欠けていて鋸《のこぎり》に使える、塩っ辛い、竹輪は薄くて月が透けて見えるで、食えたものではない。「いくらだい」「十六文で」「小銭は間違えるといけねえ。手を出しねえ。それ、一つ二つ三つ四つ五つ六つ七つ八つ、今、なんどきだい」「四つで」「五つ六つ七つ八つ……」

歳時記　二八そばはファストフードのはしり

冬の深夜。酔っ払って帰宅する途中、発見すると厄介なのが屋台のラーメン屋だ。あの湯気が私を誘っている。またた夜中に胃がもたれることはわかっちゃいるけど、やめられない。江戸の酔っ払いも同じだったのかも。

江戸時代の商いの基本は売り歩くこと。店舗が持てなかったというのが本音だろうが、客のほうにこっちから出かけていくのがサービス業の基本精神だ。流しのそば屋も同じ。今のラーメン屋は屋台を引いてくるが、江戸のそば屋は道具一式をかついでくる。昔の人は根性があるのだ。

小腹が空いたときにちょいと利用できる二八そば屋はファストフードのはしり。ちなみに江戸では天麩羅も寿司も屋台で立って食べるのが始まりだった。

江戸の夜は寒くて暗い。人々は熱いそばで身体を温めて、布団にもぐり込んだ。冬の夜になると江戸の町に多くの二八そば屋が流して歩いたのは、暖房としての価値もあったからだろう。

「時そば」に登場する二八そば屋が提供していたのは「花巻《はなまき》」に「しっぽく」。花巻そばは海苔を具にしたもので、そばの上にのせると、海苔が花をまいたように開いたのでそう名づけられた。しっぽくそばは椎茸、蒲鉾《かまぼこ》、青菜などをのせる。江戸時代に長崎から流行した料理に「しっぽく料理」がある。大皿に肉や魚介類を並べ、各々に取り分けるもので、これが由来かも。とにかくなにかをのせりゃみんなしっぽくだ。「時そば」の客が注文したのはしっぽく。落語の中のそばは葱と竹輪麩しか出てこないので、かなりセコいしっぽくだったのかもしれない。

忠臣蔵では吉良上野介の屋敷の前で、二八そば屋に変装した赤穂浪士が中をうかがっている。そこに清水一学《しみずいちがく》がやって来る。「そのほう、町人ではないな」緊迫する場面だ。ばれたらそば屋だけに手打ちになるのだから。

二八そば屋は「夜鷹そば」とも揶揄されていた。夜鷹とは最下級の娼婦で、彼女たちがよく利用していたのが由縁でこう呼ばれた。そば屋に直接言ったら怒りそうなものだが、柳家小三治《やなぎやこさんじ》はそば屋の親父を持ち上げる際に「夜鷹そばにしちゃできすぎだ」と演じているので、一般的な呼び名だったのかも。

ところで不思議なのは、江戸時代にはそばだった屋台が、一体いつからラーメンに変わったのだろう。私は絶対にそば屋のほうが粋で様子がいいと思うけどなあ。

背景　複雑なる江戸の時刻

うーん、本当に難しい。もちろん私が数字に弱いってこともあるけど、なんでこんなに複雑なんだ、江戸の時刻ってやつは。

江戸の時間は日の出と日の入りが基準となっている。まあ電気のない時代だから仕方ないけど。仮に日の出を六時としよう。この時刻を「明け六つ」といい、日の入りを十八時とした場合、この時刻を「暮れ六つ」という。ここまでは理解できるのだ。だがこれは春分と秋分のときの話。冬至になると日の出の七時が「明け六つ」で、日が暮れる十七時が「暮れ六つ」となる。ということは、夏至と冬至では「明け六つ」から「暮れ六つ」までの時間が四時間も違うことになる。江戸時代は一日を十二等分しており、春分・秋分のときは一刻《こく》が二時間となるが、夏と冬では一刻の長さが変わってくる。おまけに十二等分して時刻を十二支にたとえたり、明け六つから、五つ、四つ、九つ、八つ、七つ、ときて、暮れ六つとも呼んだ。なんで四つの次が九つなんだよ。責任者出てこい。もうどうでもよくなってきたが、「時そば」に出てくる「九つ」は現在の午前零時。「四つ」は午後十時だ。

通貨の単位はさらに複雑怪奇。金、銀、銭の三種類が同時に流通していた。金貨は一両《りょう》＝四分《ぶ》＝十六朱《しゅ》という四進法。銀貨は十進法で銭貨は……、べらぼうめ、こちとらしち面倒くせえことは嫌いなんでえ。近所の立ち食いそば屋が三百八十円だから、十六文は現在の三百八十円ってことに決めた。文句あるか。生活に密着している金や時刻の制度がこれほど厄介なのに、よく暴動が起こらなかったな。現代人が江戸の世で二八そば屋になったら、十日で破産だ。「時は金なり」って、両方ともわからないのだから。

ひとこと　そば

江戸の庶民が屋台で慣れ親しんだ食べ物がそば。汁をつけて一気にすすり込む食べ方が粋を重んじる江戸っ子にうけた。二八そばの語源は小麦粉とそば粉が二対八だから、または代金が二八の十六文だったからともいわれる。また、そば屋には更科《さらしな》、藪《やぶ》、砂場《すなば》の三系統があった。更科系の上品な甘めのつゆに対し、藪系は辛めのつゆ。また、関西から伝わった砂場系がその中間だったよう。

富久《とみきゅう》

あらすじ　酒でしくじった幇間《たいこもち》、富《とみ》くじに当たるか

浅草阿部川町の長屋に住む幇間の久蔵《きゅうぞう》は、人間は実直だが大酒飲み。ある年の暮れ、一番富千両の深川八幡の富くじをなけなしの一分《ぶ》で買い、当たりを夢見ながら神棚に供えた。その夜、しくじった田丸屋の旦那の近所から出火、火事見舞いに駆けつけて奮闘し、また出入りを許される。ところが、同じ夜、今度は自分の長屋が全焼。田丸屋の居候になって数日後、深川八幡の境内を通ると、富くじの抽選。焼けた自分の富札が、千両富に当たったのを知り、久蔵は狂乱。必死にかけ合うが、当たり札がなければだめ。泣く泣く帰る途中、相長屋《あいながや》の鳶頭《かしら》にばったり。札をしまった神棚を、鳶頭が出しておいてくれたと聞き、今度は喜びで半狂乱。「運のいい男だな。おめえは正直者。正直の頭《こうべ》に神宿るだ」「これも大《だい》

神宮《じんぐう》様のおかげ、近所にお払いをします」

歳時記　火事は江戸の風物詩？

「火事と喧嘩は江戸の華」といわれるくらいに江戸では火事が多かった。江戸市中の過半を焼き尽くす大火事が十回もあったのだ。特に冬は火を使う機会も増え、火災の発生率は高くなる。中でも大きな被害を出したのが「明暦の大火」。明暦三（一六五七）年一月十八日に本郷丸山の本妙寺から出火し、駿河台、日本橋方面に広がった。これは鎮火したが、今度は小石川から新たに出火し神田、竹橋を焼き、ついには江戸城に燃え移る。さらに同日、麹町の町家からも出火し、愛宕下まで焼き尽くした。いずれも不審火の疑いが強く、出火の原因は解明されていない。時代劇だと勘定奉行と材木問屋が結託した悪行だが、放火は天下の大罪。火あぶりの刑だぞ。また過失であっても、火元は死刑や島送り、追放になった。

この明暦の大火で江戸の約六割が焼失した。その被害を示した地図を見ると、出火地点から東南に燃え広がっている。北西からの強い木枯らしが吹いていたのだろう。この大火での犠牲者は十万人以上ともいわれている。東京大空襲と同じ犠牲者ではないか。どう考えても火事は、オヤジやカミナリより恐ろしい。

長屋の多くは木と紙でできている粗末な造り。おまけに細い路地を隔てて密集しているわけだから、火の粉が飛んできただけでも簡単に出火し大火事になってしまう。水をかけて消火するなんざ、まさに「焼け石に水」。風下にある家は壊してしまい、飛び火による延焼を防いだ。長屋にボロ家が多かったのは、火事の折に壊しやすかったからだ。「富久」の主人公、久蔵の長屋に家財道具が少なかったのも貧乏だけが原因ではなく、どうせ火事で燃えてしまうのだからという考えがあってのことだろう。つまり江戸の庶民は、火事が起こることを想定して生活していたことになる。

長屋はもちろんのこと、町家にも内風呂はなく、銭湯を利用していたのは少しでも出火の可能性を低くするためでもあった。

「富久」では真夜中に半鐘《はんしょう》の音が鳴り響く。各町内には火の見やぐらがあって、火事を見つけると半鐘を打ち鳴らした。音を聞けば火事が発生した場所との距離が推察できた。「ジャンジャン」という二度打ちは遠い場所。富久では二度打ち。浅草から日本橋横山町という距離だからな。「ジャンジャンジャン」と三回鳴ったら火元は近いので枕を抱えて逃げる準備だ。

火事は江戸の冬の風物詩だ、などと流暢なことをほざいてる場合ではないが、江戸の人々が火事と同居していたのも事実。火遊びや妬くのは男女の間だけにしてほしい。

背景　富くじは庶民の夢

江戸の町では富くじが盛んに行なわれた。「富久」のほかにも「御慶《ぎょけい》」や「宿《やど》屋《や》の富《とみ》」など富くじを題材にした落語は多い。いずれも金に縁のない男に千両が当たってしまい、腰をぬかすことになる。私も宝くじで腰をぬかしたいものだが、現実は厳しい。

富くじは十六世紀後半に摂津国《せっつのくに》の寺で当選者にお守りを授けたのが起源らしい。長い錐《きり》で木札を突いたところから「富突《とみつき》」「突富《つきとみ》」とも呼ばれた。富くじは寺社が改築など、資金集めのために主催していた。幕府の懐具合が悪くなり、寺社への資金提供が困難になったことも背景にある。文政（一八一八～一八三〇年）にはブームの頂点を迎え、江戸のあちこちで富興行が開かれた。文政期の資料を見ると……目黒不動、湯島天神、両国回向院《えこういん》、浅草寺、根津神社など全二十箇所。全部の富くじを買ってたら、いくら金があっても足りないぞ。

久蔵が住んでいた浅草阿部川町を地図で調べたら、現台東区の元浅草と寿の付近。永見寺《えいけんじ》のそばではないか。畠山家はこの寺の檀家でございます。永見寺には三代目三遊亭金馬《さんゆうていきんば》や、狂言作者、三世河竹新七の墓がある。

「富久」では、旦那の店に駆けつける久蔵の姿が見もの。真夜中に風を切って走る久蔵の寒さが伝わってくれれば成功だ。地図で調べてみると、久蔵は浅草から三筋町を横切り、蔵前通りを左折、江戸通りを右折してJR浅草橋駅を右手に見ながら靖国通りを越え、横山町まで一気に突っ走る。当時は信号がないから十五分程度で着いたはずだ。ちなみに古今亭志ん朝《ここんていしちょう》は旦那の店を芝の久保町に設定していた。久蔵は横山町よりも遠くに走らされて志ん朝を恨んでいるかもしれない。

ひとこと　大神宮

大神宮とは、皇大神宮《こうたいじんぐう》と豊受大神宮《とようけだいじんぐう》を総称する伊勢神宮のこと。江戸時代、お伊勢参りは「おかげ参り」「抜け参り」と呼ばれ、一生に一度お参りすることが庶民の夢だった。お伊勢参りブームが起こった理由の一つは、お札のおまけに神宮暦がついていたこと。神宮暦は当時、全国的に普遍性を持った唯一の暦だったのだ。伊勢神宮の下級神官、御師《おんし》が全国を回ってお札を配り、伊勢参拝を働きかけたことも要因の一つだったとか。

二番煎じ《にばんせんじ》

あらすじ　肴に熱燗、そりゃほしがります

江戸の真冬は大火事が絶えない。町内の商家の旦那衆が交代で火の番で、毎夜巡回することになった。寒いので、二組交代で、一組は番小屋で待機する取り決め。最初の組が見回りに出ると、凍るような寒さ。ひと苦労して戻ってくると、やっと火にありつける。一人が酒を持ってきたが、役人に知れたら大変なので、煎じ薬ということにし、土瓶で燗をして酒盛りが始まる。もう一人が、肴に猪の肉を持ってきたので、寒さも吹き飛び、ドンチャン騒ぎ。そこを、都々逸《どどいつ》を聞きつけた奉行所の同心《どうしん》に直撃されて、さあ大変。薬と口直しだとごまかしても先刻承知で「わしにも煎じ薬を飲ませろ」。酒も肉もきれいに片づけられてしまう。「ええ、誠にすみませんが、煎じ薬はもうございません」「ないとあらば仕方がない。拙者ひと回りしてくる。二番を煎じておけ」

歳時記　江戸時代の鍋料理

私の実家がある東京都墨田区でも年末になると夜回りが行なわれる。中心になるのは青年部のみなさん。青年部といっても加齢臭漂う立派なおっさんだ。平均寿命が伸びて町内には八十歳を過ぎた重鎮たちが佃煮のようにいるので、五十歳でも青年で通用するのだ。

夜回りは午後七時に町会会館の前を出発する。その寒いこと。背筋は震え、歯はガタガタ鳴る。でも日本の伝統文化ってすごい。落語「二番煎じ」は江戸末期の設定らしいが、まったく同じことをやっているんだから。IT全盛の世の中で、しかも真冬で窓を閉めきった高層マンションの住人には届くはずもないのに「火のよーじん」などと声を張り上げる。なんというアナログな世界だ。

冬といえば鍋。「二番煎じ」に登場する旦那が隠し持ってきたのが猪鍋セット。猪鍋は「ぼたん鍋」とも呼ばれている。牡丹《ぼたん》の花に似せて肉を皿に盛るところからついた名で、唐獅子《からじし》牡丹《ぼたん》とは関係ない。醬油味もあるが「二番煎じ」のように味噌味にしたほうが猪独特の臭みが消えるようだ。

江戸の人たちはどのような鍋を食していたのか。鬼平犯科帳フリークの私としては見逃せないのが軍鶏鍋《しゃも》。長谷川平蔵がつっついているのが軍鶏の臓物《ぞうもつ》鍋だ。軍鶏のモツに牛蒡《ごほう》の笹がき、白葱を入れて煮立ったところで芹《せり》などをのせる。基本的には醬油味のようだ。おまさ役の梶芽衣子はよかったなあ……。

深川鍋はいかにも江戸前の味だ。江戸の深川は漁師の町だった。どれだけ東京湾を埋め立てたのかがわかるな。目の前で獲れた浅蜊《あさり》と葱を煮込んだ鍋で、もとは漁師のまかない料理だった。これをアツアツの白飯にかけたのが深川めし。門前仲町あたりの料理屋の前には「深川めし」の看板が目につくが、料理法はまちまちだ。最近は浅蜊を一緒に炊き上げたものを「深川めし」と称する店も増えてきた。本来の深川めしは茶漬けのようにかっ込むものなのだ。

落語「付《つ》き馬《うま》」では吉原でさんざっぱら遊んだ男が、若い衆と朝から湯豆腐をつっついて軽く一杯やる場面がある。乙ですなあ。ところで、恐ろしいのが闇鍋。冬に各自が持ち寄った食材を、灯りを消した中で鍋に入れ食べる。これは江戸時代の侍の遊びから始まったようだ。蛙だ、蜥蜴《とかげ》だとやりたい放題で、闇汁、闇の夜汁ともいわれた。

平成の夜回りも、とどのつまりは酒。三十分ほどのお務めが終わり震えながら戻ると、町会会館には熱燗の支度ができている。すきっ腹にコップ酒は思いのほか効きが早い。夜回りの後は目も回る。酒飲みは進歩しないのだ。

背景　警防は番太郎まかせ

番屋が舞台となる落語に「禁酒番屋《きんしゅばんや》」がある。藩屋敷内に酒を持ち込ませないために新設された番屋で、パブリックな番屋とは意味が違う。番屋とは簡単にいえば見張り小屋のこと。「二番煎じ」の番屋は江戸の各町内に設けられており、自身番《じしんばん》ともいい、もう少し小規模なものを番小屋と呼んだ。「自身」と名がつくだけに地主や家主たちが交代でここに詰め、町内で発生する諸問題を処理し、また防犯や防火にも役立てた。いってみれば私設の交番ってことね。時代劇でも辻斬りを目撃した町人が「おう、俺はあの侍を追うから、おめえはすぐに番屋に知らせろ」なんて場面に出くわす。追っていった町人の約八割は頭巾をかぶった侍に斬られてしまうのだが……。番小屋の屋根には梯子と半鐘《はんしょう》が立っていて、すぐに町内に知らせる態勢が整っていた。

番屋は「自分たちの町は自分たちで守ろう」という仕組みになっている。男子は十五歳くらいになると若者組に加入し、自身番での防犯活動に参加させられた。などと書くと奉仕の精神に満ちた江戸庶民の姿に感動するところだが、実情はお上から命令されたもので、町人はいやいや参加していたようだ。「二番煎じ」の旦那衆もまるでやる気がないしなあ。通常は「番太郎」と呼ばれる番人を雇い、番屋に詰めさせていた。誰かが番屋にいないと、おとがめがあるのでみなで金を出し合って雇ったのだろう。

芭蕉の句に「五月雨や龍燈《りゅうとう》あぐる番太郎」がある。龍燈とは海の中が青白く光る現象。五月雨の中、番太郎の灯す番屋の灯りを詠んだもの。情緒のある句だが、番太郎は番小屋の中で酔いつぶれているかもしれない。

ひとこと　江戸の医療と薬

江戸時代の医者は、中国医学をもとにした内科の漢方医が主流だった。彼らが病人を診察して薬を調合し、煎じ薬として処方する。主に使用するのは、木の皮、草の根、葉などを乾燥させ、細かく砕いたもの。高価なため、庶民はめったに医者にはかかれなかった。庶民がもっぱら利用したのは、売薬、鍼灸治療、按摩など。また、簡単な怪我や病気の場合は昔からの言い伝えにもとづき、自生している薬草で治療したという。

初天神《はつてんじん》

あらすじ　口八丁手八丁《くはっちょうてはっちょう》、駄々《だだ》こねる悪ガキ

長屋の熊五郎、きょうは初天神なので、お参りに行こうとすると、かみさんが、倅《せがれ》の金坊《きんぼう》を連れていけという。口八丁手八丁の悪ガキで、親を親とも思っていない。道々、さっそく飴を買えと駄々をこねだし、結局買わされるはめに。今度は凧をねだる。往来で泣きわめいたうえ、金坊と凧屋が結託。結局、特大を買わされて、帰りに一杯やろうと思っていた金を、全部はたかされてしまう。金坊が大喜びで凧を抱いて走ると、酔っ払いにぶつかった。「このガキ、凧なんか破っちまう」と脅かされ、金坊が泣きだしたので、そこは父親、熊さん平謝り。親子で凧あげを始めるが、熊五郎のほうが夢中になり「あがった、あがったい」「あたいの」「うるせえな、こんちくしょうは。あっちへ行ってろ」。金坊、泣き

声になって「おとっつぁんなんか連れてくるんじゃなかった」。

歳時記 縁日はエンターテインメント

子どもにとって参詣の楽しみは縁日や露店だろう。もっとも子どもだけじゃないけど。我が家ではお祭りの夜に近所の神社に行くと、一家で一万円は使ってしまうからなあ。神社仏閣と露天商が共生しているのは江戸時代も一緒。どちらが欠けても大勢の人々は集まらなかったはずだ。初天神に登場する店屋は飴屋に凧屋。時代劇なんぞを見ていると紙風船に風車《かざぐるま》、甘酒に饅頭なんて店が目にとまる。ただでさえ「あれ、買って」とうるさい金坊を縁日に連れてくるなんざ、熊五郎の失態としか言いようがない。露店は簡単に解体し移動できる板小屋を「床見世《とこみせ》」、路上に蓆《むしろ》を敷いた簡素な店を「天道《てんとう》ぼし」と呼んだそう。さしずめフリーマーケットは天道ぼしってとこか。

大道芸人なんていうのもいた。落語で有名なのが「がまの油」だ。向島の師匠こと、三代目春風亭柳好《しゅんぷうていりゅうこう》の独壇場だったな。この前、筑波山に行ったとき、がまの油を買い、水虫に塗ったところ完治したので効果は馬鹿にできない。そのほかにも居合い抜き、独楽《こま》回し、曲芸なども人気があった。また小屋では「水からくり」(手品)や見世物も行なわれ、浅草奥山で開かれた「籠細工《かございく》」という見世物は百日間で五十万人もの観客を動員したらしい。

天神様として親しまれている菅原道真が生まれたのが六月二十五日。大宰府に左遷される命令が出たのが二月二十五日で、命日が二月二十五日。そんなわけで、毎月二十五日は「天神様の日」となっている。多少、強引な気もするけど。その中でも一月二十五日はその年で最初であることから「初天神」と呼ばれている。

この落語に登場する親子が訪れた天神様がどこなのか定かではないが、江戸の庶民であるなら、湯島天神か亀戸天神に絞られる。私の家から近いので亀戸天神ってことにしておくか。

亀戸天神では、初天神の日には鷽替神事《うそかえしんじ》が行なわれる。鷽はスズメ目アトリ科の鳥で、ヒーホーと悲しげな声で鳴くらしい。亀戸天神ではこの鷽が「神様のつかい」とされている。昔は境内で買い求めた木製の鷽を袖の中に隠して「替えましょ、替えましょ」と言い合いながら、参詣人が互いに交換したようだ。それによって一年間の厄を嘘にして、新しい年や幸運を招こうとした。問題なのは鷽を交換する相手だ。相手が大嘘つきだった場合、その人の鷽と交換して大丈夫なのだろうか。自分よりも誠実そうな人を選択して交換したほうが安全だ。私の場合は心配ないが。などと偉そうなことを書いている私だが、こんな行事があることを初めて知った。自宅から亀戸天神までわずか徒歩十二分だというのに、情けない。

背景

凧は大人の遊び

熊五郎は金坊から凧を取り上げ、自分のほうが夢中になってしまう。江戸の正月では、今からは考えられないほど、たくさんの凧が空に舞った。形や大きさもさまざまで、絵凧には勇壮な絵も描かれた。現在でも凧に絵を描いて飾ることがあるが、その名残だろう。

江戸時代の凧は竹で骨組みを作って、和紙を張ったもので、形も長方形から六角形、奴凧《やっこだこ》までさまざまだが、正統派は四角い凧で「江戸角凧《えどかくだこ》」といい、江戸っ子はこれを縮めて「えどかく」と呼んでいた。凧は関西では「いか」、長崎では「はた」、そのほかにも「てんばた」「とんび」という呼び名もあった。

凧あげは大人のゲームとしても流行していた。「喧嘩凧」と呼ばれる遊びで、小さな刃物をつけた凧を自在に操り、相手の凧の糸を切る。糸を切られれば凧は空の彼方に消えてしまうのだから大人といえどもむきになるのだ。「うなり」という遊びもあった。凧の上に竹で作った弓のようなものを取りつける。風を受けると唸るような音がするらしい。いい音がするように作るのも楽しみの一つだったのだろう。私も子どものころはよく空き地で凧をあげた。今の子どもは凧あげの存在すら知らないのが実情。息子に聞いたら「たこはあげるもんじゃなくて焼くもんだよ」だと。考えてみれば、たこ焼きも縁日で売っているからなあ。

「初天神」は前座噺だが、ベテランが演じても味のある噺となる。前座が演じることが多いのは、どこで切ってもオチとして通用するからだろう。金太郎飴みたいな噺だ。前座も持ち時間を「十五分で」「二十分で」などと命令され、けっこう大変なのだ。

ひとこと　天神様

天神とは、地神《じがみ》に対する天《あま》つ神《かみ》を指し、特定の神を指すものではなかった。しかし、菅原道真が左遷された大宰府で没した後、藤原時平の急死をはじめ、天変地異や災害、疫病などが相次ぎ、道真の怨霊の仕業という噂が広まったことから道真が火雷天神《ひがみなりてんじん》と称され、雷神信仰《らいじんしんこう》と結びつき、菅原道真や天満宮を天神様と呼ぶように。やがて道真が学問に長けていたことから文道《ぶんどう》の太祖《たいそ》として崇められ、現在に至る。

藪入り《やぶいり》

あらすじ　けなげな息子と早とちりの親父、感泣譚《たん》

正直一途の長屋の熊五郎。後妻ともども一粒種の亀を甘やかし、わがままに育てたのを反省、泣きの涙で奉公に出す。三年後の正月、亀が初めての藪入りで帰る日。熊は夜中からそわそわ。奉公中は食いたいものも食えないからと、帰ったらあれを食わせろこれを食わせろ、はては一日で日本中を連れ歩こうというむちゃくちゃぶり。夜が明けても、まだかと大騒ぎ。やがて帰宅した亀坊は、すっかり大人び、礼儀正しく挨拶したので、熊五郎は感激で胸がつまり、涙で顔も見られない。ところが、亀を湯にやった後、紙入れから五円札が三枚出てきてひと騒動。ことによると魔がさして、お店の金でも……と、気短な熊、帰った亀をいきなりポカポカ。実はこれ、ペスト流行でねずみを捕獲した懸賞金とわかり、泣き

笑い。「うまくやりゃあがった。これもチュウ（＝忠）のおかげだ」

歳時記　休暇は年二回

江戸では、一月十五日を小正月といった。商家では正月に休めるのは元旦くらいなもの。十五日くらいになってやっと落ちついて、ひと安心といったところだろう。小正月には小豆粥を炊いたり、正月に使用した門松やお飾りを焚き上げる「どんど焼き」などが行なわれる。私も鳥越神社に見に行ったものだ。ただし鳥越神社は「とんど焼き」の名称で一月八日に行なっている。「とんど」「とんど」「どんど」などその場所によって微妙に違うようだ。農村でも小正月には豊作を祈念した行事が多くあった。

私の知人は結婚記念日を休日にするため、成人の日だった一月十五日に結婚した。法改正により祝日が変わってしまったが、その前に離婚したので問題はなかった。

商家の奉公人が待ちに待ったのが藪入り。一月十六日と、七月十六日の年に二回だけ、休暇をもらい親もとに帰ることが許された。この日や、この行為のことをひっくるめて「藪入り」と呼んでいた。通常、町家の子どもは十歳を過ぎるとお店に奉公に出る。十歳といえば小学校も卒業していない子ども。親から離れて住み込みで働くなど、今の世では考えられない。そんなことを強制したら児童虐待、労働基準法違反で実刑は免れまい。

もう三十年も前のことだが、私の友人が勤務先で「なんでうちの会社は年末年始に三日しか休みがないのか」と文句を言ったところ、七十歳を超えるオーナー社長が逆ギレし「昔はなあ、藪入りのときしか休めなかったんでぇ」と吠えられたそう。社長はたぶん奉公経験者であると思われる。

「藪入り」の主人公、亀は奉公に出て以来、三年ぶりの里帰りになる。子どもの場合は「里心」がつくとの理由で、三年から五年は藪入りといえども親もとには帰れなかった。奉公に耐えられず、かといって家に帰ることもできなかった子どもたちはどうなったのだろう。悪の道に足を踏み入れてしまった子も多かったに違いない。

昭和の名人、古今亭志ん生《ここんていしんしょう》もその一人。奉公に出ても長続きせず、店を飛び出し、博打や酒に溺れていく。後に落語家になった志ん生にとってはまさに芸の肥やしになったわけだが……。

落語「藪入り」はあまり好きな噺ではなかった。あまりにも涙を狙いすぎた内容だし、小粋さを求める私には重すぎる。ただ、父親になってからは見方が変わった。亀の父親の気持ちが痛いほどわかる。まあ、私も人の親になったってことか。なんて感傷にひたる間はない。ドラ息子を見ていると何度も思う。奉公制度を復活させてくれ。

背景　厄病は命とり

亀はねずみを捕まえて得た金を父親に疑われることになる。江戸の町にはねずみが多く、ねずみ捕りの専門業者もいたほど。ペストは本来ねずみ類の病原菌で、ねずみについた蚤から人間に感染する。黒死病ともいわれ、感染力が強く、死亡率も高かったので、予防のためにねずみの捕獲は欠かせなかった。ねずみを捕まえて交番に届けると証明する用紙を渡され、それを役所に持っていくと二銭もらえ、丁稚小僧たちのよい小遣い稼ぎになった。亀は懸賞にも当たり、十五円という大金を持って里帰りしてきたわけだ。この「藪入り」という落語の時代背景は明治時代かもしれないが、十五円といえば現在の十万円を超える額で、無給で働く丁稚が所持している金額ではない。私が親なら「貸してくれ」と言って、素直に頭を下げる。

江戸の人々は多くの疫病に苦しめられた。代表が天然痘、麻疹《はしか》、水疱瘡《みずほうそう》だ。現在では恐れるような病気ではなくても、当時は死と隣合わせだった。江戸時代の末期、安政（一八五四～一八六〇年）や文久（一八六一～一八六四年）にはコレラが流行し、感染すると三日以内には死亡するので「三日コロリ」と呼ばれた。わかりやすいが、もう少し重みのある呼び名はなかったのかよ。長屋の一角には共同便所と井戸がすぐ近くにあり、これがコレラ流行の原因とされている。

「藪入りといえば金馬」といわれるくらい三代目三遊亭金馬《さんゆうていきんば》の得意ネタだった。その後は五代目三遊亭圓楽《さんゆうていえんらく》がよく高座にかけ、情の深い話芸を見せてくれた。たくましくなった息子に接し素直に喜ぶ父親の姿が、愛らしいと思えたら演者の勝ちだ。単身赴任から戻ったら、娘が茶髪になっていたお父さんには耐えられないかもね。

ひとこと　年季奉公《ねんきぼうこう》

江戸時代、庶民の子どもたちは十〜十二歳で寺子屋を終え、年季奉公に出された。奉公先では丁稚からスタートし、年季があけると番頭になり、身分的には職人と対等になる。奉公人の労働時間は、約十二時間だったといわれる。また、貧農や日雇いの娘は、十歳に満たないころから子守や女中奉公に出された。熊本県の「五木《いつき》の子守唄」など、つらく苦しい心情を綴った子守唄が日本各地に残っている。

かじむすこ

火事息子

あらすじ　勘当息子が両親と再会、感動の一夜

神田三河町、伊勢屋という大きな質屋。冬のある日、近所の出火で蔵に火が入りそうになるのを、屋根を伝ってきた臥煙《がえん》（火消し）がてきぱき指図して目塗りさせ、ことなきを得た。男は臥煙になりたいと家を飛び出した行方知れずの一人息子、徳三郎。一徹な親父、勘当した倅《せがれ》に声などかけては世間に申し訳がない、とやせ我慢。涙声でそっけなく礼を言い、帰そうとする。知らせを聞いた母親は、倅が帰ったので大喜び。法被《はっぴ》一つでは寒いから着物を、と言うと、親父はまだ意地ずく。「そのぐらいなら捨てちまえ」「よく言ってくれなすった、簞笥ごと捨てましょう、お小遣いは千両も捨てて、黒羽二重の紋つきを着せて、小僧を供に」「おい、勘当した倅にそんななりいさせて、どうするつもりだ」「火事のおか

げで会えたんですから、火元へ礼にやります」

歳時記 穴と蔵

江戸と火事は親戚同然の関係にあったわけだが、行政はともかくとして、庶民はどのような対策を講じていたのか。身の安全は逃げるしかない。長屋暮らしの貧乏人は大した家財道具もないから心おきなく逃げることができる。寝苦しい夏より、眠り込む季節のほうが危ない。落語でも「火事」は冬の季語として扱われているのだから。

問題は小金をため込んだ方々。自分の財産は自分で守らなければならない。この教えは「財産」を「年金」に代えれば現在でも尊い格言として通用する。小金持ちたちは家の下に穴蔵を掘って火事に備えた。ちょっとバーチャル体験してみよう。

明け方に半鐘《はんしょう》の音で飛び起きる。三度打ちだから火元は近いぞ。女房はすでに逃げたようだ。薄情者め。用意しておいた金具で床板をはがす。そこには穴蔵があるのだ。急いで金貨や位牌、店の帳簿に骨董品を入れる。そうだ妾にプレゼントする簪《かんざし》も入れよう。まだ余裕があるので枕と湯たんぽもぶち込む。ふたをして渋紙《しぶがみ》を敷き、その上に砂をかけ、さらに湿らせた畳をのせて真ん中に水を入れた桶を置く。ついでに漬物石も置いてしまおう。桶が燃えた場合には自動的に水がこぼれる仕組みになっている。よーし、逃げるぞ。そのとき女房が便所から悠然と戻ってくる。どうやら半鐘の音は夢だったようだ……。現実に穴蔵の耐火性は強く、かなりの確率で焼け残ったらしい。

「火事息子」に登場する質屋の大店《おおだな》、伊勢屋ともなると穴蔵だけではとても足りない。金満家は土蔵を建てることになる。土蔵は火災に強く、高熱が伝わりにくい構造になっていた。この土蔵の下に穴蔵を掘っておけば完璧だ。金持ちは大変だなあ。

落語の中では、息子が蔵の目塗りを手伝いにやって来る。通常、土蔵には通気孔として穴が開いていた。ここから火の粉が入り蔵の中に燃え移ることがあった。火事が発生すると出入りの鳶などが駆けつけて、この穴や扉の隙間に土を塗った。これが目塗りである。「味噌蔵《みそぐら》」という落語ではこの目塗りが演題になっている。とてつもなくケチで名高い味噌屋の主人が、出がけに番頭に「もし火事になったら、店の味噌で蔵に目塗りをするように」と言う。火事になったら焼けた味噌をはがして、奉公人のおかずにするためだ。火事が日常的に起こり、目塗りが金満家にとって、どれほど大切だったかがうかがえる。

ほかにも店自体を土蔵にしてしまった「店蔵」という造りもあり、分厚い二重扉で守られていた。うらやましいなあ。そんなに財産があるのかよ。二重扉は二重帳簿によって作られたのかもしれない。

背景　いなせな火消し

近所の親父は火事の現場に一番乗りし、頼まれてもいないのにその場を仕切りだす。「ほら、どいた、どいた。邪魔なんだよ」って、あんたがいちばん邪魔なんだよ。どこにでも火事好きは存在する。好きを通りこして火消しになってしまったのが伊勢屋の徳三郎だ。落語に登場する若旦那の徳さんは、船頭にあこがれたり、火消しになったりと始末が悪い。

江戸の火事は自衛に頼られていたが、寛永十八（一六四一）年の大火をきっかけに幕府は一万石に対して三十人の割り当てで大名火消しを編成した。その後、明暦の大火をきっかけとして旗本の中に火消屋敷を与え、定火消《じようびけし》を設けた。これが消防署の始まりだ。そして時代劇にもよく登場するのが町火消し。「め組の辰五郎でえ」なんて台詞が思い浮かぶ。享保三（一七一八）年、名奉行大岡越前が四十八組の火消しを設置し、江戸の火災に対応できる体制になった。町火消しは「いろは順」になっていたが、「へ組」「ひ組」などは語呂が情けないので、「百組」「万組」などに変更されたという。揃いの袢纏を着て火の粉の中をさっそうと屋根に飛び移り、纏《まとい》を振るいなせな姿にあこがれたのは徳三郎だけではあるまい。

徳三郎は町火消しではなく、大名火消し。大名火消しのほうが聞こえはよいが、実態は無頼漢だったよう。火消屋敷の大部屋で暮らし、治外法権なのをよいことに博打三昧に、喧嘩三昧。燃え盛る炎の中に法被一枚で飛び込む命知らずの連中で、臥煙とも呼ばれた。後にはガラの悪い男を総じて臥煙と呼ぶようになったほどで、徳三郎の父親の嘆きは理解できる。

ひとこと　江戸の大火

江戸は火事が多かったことで有名だが、最大規模の火災として知られるのが明暦の大火だ。明暦三（一六五七）年一月十八日に発生し、大名屋敷百六十、旗本屋敷七百七十、寺社三百五十余、町家四百町余、橋六十余、土蔵のほとんどが焼け落ち、死者は十万人以上といわれている。恋患いで死んだ若い娘の振袖を供養のために焼いたところ、寺に火がついて周囲に燃え広がったという伝説から、振袖火事とも呼ばれる。

コラム　落語の魅力

落語は間口も広ければ奥行きも深い。人間の生活そのものが題材になっているので設定は無限大なのだ。

落語界では、吉原に通い花魁《おいらん》に入れあげた男の末路は悲しい。「三枚起請《さんまいきしょう》」しかり「品川心中《しながわしんじゅう》」しかりだ。女に溺れる浅はかな男と女狐の組み合わせはいかにも落語的だ。ところが「紺屋高尾《こうやたかお》」では、見初めた花魁を思い、三年の給金をたった一夜のためにつぎ込んだ男に至福を与えている。「女狐に騙される」と「誠意は通じる」は落語に同居しているわけだ。

同じように四つの季節が同居していることで、日本人の感性は奥深いものになる。四季がなければ、俳句の十七文字にあれほどの情緒を注ぐことは不可能だ。季節があってこその花鳥風月だもの。

人間は夏を涼しくしようとし、冬を暖かくしようと努力してきた。それに走りすぎた結果がこのザマだ。それが文明だといえばそれまでだが……。古典落語の舞台となっている時代は、人間の心がもっとも豊かだったのではないか。現代人は心のどこかでそれを感じとっているから落語に魅せられるのかもしれない。

第二章　江戸っ子の生活

あけがらす
明烏

あらすじ　堅物野郎、色の道覚えたらどうなるか

日本橋田所町の日向屋半兵衛《ひゅうがやはんべえ》は、十九になる倅《せがれ》の時次郎があまりに堅物すぎ、世間づきあいに差しつかえると心配、町内の遊び人、源兵衛《げんべえ》と太助《たすけ》を頼み、春の一夜、吉原で遊びを経験させることに。女性恐怖症の当人には、お稲荷様のお籠《こ》もりとごまかすが、いかにうぶでも、着いてしまえば女郎屋とわかる。帰るとぐずるのを二人が「大門《おおもん》で留められ、帰してもらえない」と脅し、やっと納まらせる。ところが時次郎、相方の、十八になる浦里花魁《うらさとおいらん》の濃厚なサービスにたちまちトロトロ。一方、源兵衛と太助はきれいに振られた。やけっぱちで朝、帰ろう、と言っても「花魁は口では起きろと言いますが、手をぐっと押さえて」とのろけまで聞かされる始末。「じゃ、ゆっくり遊んでらっしゃい。あたしたちは先に」

「先へ帰れるなら帰ってごらんなさい。大門で留められる」

江戸っ子の生活　吉原は不夜城《ふやじょう》

吉原は元和四（一六一八）年に現在の中央区で遊郭としてスタートした。江戸で唯一、幕府から公認された遊郭である。幕府は遊郭を必要悪と考え、だったら一箇所に集めたほうが管理もしやすく、安全性も高いと判断したわけだ。私も大賛成だ。市街の拡張などによって、吉原はこの四十年後に浅草日本堤《にほんづつみ》に移転し、新吉原と呼ばれた。落語に登場する吉原とは新吉原のことで、遊女千人御免の場所だ。落語の聖地と言っても過言ではない。

馬道から日本堤に向かうと、左手に見えてくるのが見返り柳だ。遊んで帰る客が振り返るところからそう呼ばれた。粋なネーミングですなあ。「きぬぎぬの後ろ髪ひく柳かな」。うーん、納得だ。その角を左に曲がると大きな門が見えてくる。吉原といえば大門。吉原は堀によって囲まれ一般社会とは隔離されていた。

出入口は大門のみである。大門を潜《くぐ》って中に入るので、吉原は通称「ナカ」とも呼ばれていた。「粗忽長屋《そこつながや》」で醜態をさらす熊五郎も「ナカを冷やかして馬道で……」などと乙な台詞を吐いている。中に入ると、そこはネオンきらめく別世界。もちろんネオンはないが金ぴかの小宇宙が広がっている。「闇の夜は吉原ばかり月夜かな」うーん、素晴らしい。だが浮かれてはいけない。右手には出入りを監視する詰め所、左には同心《どうしん》が待機する番所《ばんしょ》がある。はやる気持ちを抑えてここは冷静に通り過ぎなければ。

前方からきらびやかな一行がやって来る。幸運なことに花魁道中《おいらんどうちゅう》に出くわした。花魁道中は遊女が客を出迎えるために取り巻きを連れて歩くこと。三つ歯の下駄でゆったりと歩く姿の美しさといったら。「紺屋高尾《こうやたかお》」ではこの花魁道中を見た染物職人の久蔵《きゅうぞう》が、高尾太夫《たかおだゆう》にひと目惚れして騒動を巻き起こす。

さて遊女屋の中をのぞいてみよう。格子の中に遊女が並んでいるところが「張見世《はりみせ》」。その横が玄関で暖簾《のれん》を潜って中に入る。一階は台所や風呂、支度部屋など業務関係者が使用する。また「刀掛け」といって、客から預かった刀を掛ける場所もあった。客は二階に通される。楽しいことは二階で起こるのだ。ここで注意しなければならないのが遣手《やりて》。客の行動を見張っているのだ。遊女には位があって、「部屋持ち」になると自分の部屋を持つことができた。

ところで、フランキー堺が主演した「幕末太陽傳」は日本映画史上、最高傑作だと思う。品川の遊郭が舞台の、落語「居残《いのこ》り佐平次《さへいじ》」をもとにした映画だが、今は無き遊郭と落語の偉大さを知るには至上の教材だ。知ったところで実際に行けないのが悔しいが……。

背景　吉原は甘くない

吉原の大見世にいきなり登楼《とうろう》することは少なかった。とりあえずは引手茶屋《ひきてぢゃや》にあがる。引手茶屋とは遊客を遊女屋に案内し、またここで酒席も提供した。登楼する前に引手茶屋で芸者や幇間《たいこもち》を呼んで盛り上がろうというわけだ。「明烏」での三人もここで景気づけをしている。もっとも若旦那は泣いているのだが。興味深いのは時次郎の親父が勘定の払い方を教える場面。このへんの作法は現代でも役立つ内容で「落語は勉強になるなあ」と実感する瞬間だ。

引手茶屋は遊女屋に客を紹介するのと同時に、金銭面も保証したので、遊女屋は引手茶屋からの客を優先的に受け入れるようになり、それが一見の客を拒むようになった原因でもある。

ところで、遊客は金さえ払えば遊女に相手をしてもらえると思ったら大間違い。客にもそれなりの資質が要求された。源兵衛と太助がよい例で厳しい結果も待っているのだ。特に初めて上がった客の相手をすることは少なく、時次郎はラッキーといえる。お目当ての遊女がやって来ない苛立ちは、落語の場面としては最適だ。「五人廻《ごにんまわ》し」では売れっ子の女郎が一夜に五人の客を相手にする。四人のイライラは増すばかり。「居残り佐平次」では遊女が来ず、ご機嫌ななめになった客を佐平次がとりなす。「お見立《みた》て」では花魁が自分を死んだことにしてまで客を拒む。江戸の男はつらかったのだ。客であるのに、なぜ彼らは我慢をしたのか。客が遊郭でいちばん恐れる言葉が「野暮」。「野暮な客だねえ……」とは江戸っ子にとって死にも値する蔑称だ。逆に吉原で粋に遊ぶ男は「通人《つうじん》」と呼ばれ、あこがれの対象となる。遊郭は男を磨く場所でもあったのだ。でも私は野暮と言われても結果主義を貫くつもりだ。

ひとこと　花魁言葉

花魁言葉とは、吉原の遊女たちが使った言葉で、「〜ありんす（あります）」、「わちき（わたし）」など独特の響きがある。日本全国から集められた遊女たちの方言や訛りを隠すために用いられたといわれているが、遊女たちが共通の言葉を話すことで、吉原独特の世界を生み出した。花魁言葉は揚屋《あげや》により、異なったとか。吉原言葉、里言葉、廓《くるわ》言葉、ありんす言葉などとも呼ばれた。

へっついゆうれい

へっつい幽霊

あらすじ　熊公が幽霊と大勝負、丁半どっち？

へっつい（かまど）から幽霊が出て、買う客が一日ともたずに返品に来る。困った道具屋は三両をつけて売りに出した。これを知った遊び人の熊、生薬屋《きぐすりや》の若旦那、徳さんを誘い、引きとった。ところが、割れた穴から三百両の大金が転がり出たから大変。二人で折半し、若旦那は吉原へ、熊は博打場に直行したが、翌日にはきれいにすってんてん。すると、夏夜の丑《うし》三つ時、へっついのもとの持ち主、左官の留の幽霊が「金返せ」と出る。この男、裏は博打打ちで、丁よりほかに張ったことはない。ある日、三百両もうけ、金をへっついに隠したまま、河豚《ふぐ》にあたってあえない最期、という次第。そこで熊、徳さんの実家から三百両借用、幽霊とそれを賭けた大勝負。出た目は半で熊の勝ち。「もう一丁」「もうてめえに金がねえじゃねえか」「あっしも幽霊です。決して足は出しません」

江戸っ子の生活　博打は男の甲斐性

落語の世界で男どもが溺れるのが「呑《の》む」「打つ」「買う」の三道楽だ。三権分立は、司法・行政・立法を相互に独立させているが、落語の三道楽は、一人で全部を受け持ってしまうこともある。家庭内民主主義の破滅だ。

私もかなりの博打好き。他人からは「かなり」ではなく「名代の」と評価されているが。確かに金は稼ぎたいけど、あのドキドキ感がたまらない。遊びの金額じゃあのスリルは味わえないのだ。「へっつい幽霊」に登場する男もへっついから大金が出てきたのだから、それで別の遊びをすればいいと思うのだが、博打打ちにそんな理論は通用しない。落語では博打で大勝した金を寄付して赤十字社から表彰されたなんて人はいない。

落語では博打を必要悪としてとらえている。落語の裏テーマの多くが「己の意志の弱さ」や「葛藤」だとすれば、三道楽は必要不可欠な材料だ。「呑む」は百薬の長にもなるし、「買う」は「紺屋高尾《こうやたかお》」のように純愛が通じることもある。だが「打つ」となると結末は厳しい。「文七元結《ぶんしちもっとい》」の長兵衛は仕事もしないで博打三昧。身を売ろうとした娘に助けられる始末。「看板《かんばん》のピン」では若い衆が親分に博打の怖さを教えられるが、どうしても親分の真似がしたくなってどつぼにはまる。「狸賽《たぬさい》」はもっとひどい。博打に勝ちたいため、狸にサイコロに化けてほしいと頼む。ここまでくると救いようがない。

博打が流行りだしたのは江戸中期以降。旗本領など町奉行の手が届かない場所を中心に始まった。博打の中心は、時代劇でもお馴染みのサイコロ二つを使う丁半《ちょうはん》博打である。

落語での賭場《とば》は仰々しいものではない。「文七元結」の長兵衛がどのような鉄火場に通っていたのかは定かではないが、「看板のピン」や「狸賽」の連中は仲間内の博打で、遊び方も「チョボイチ」と呼ばれるサイコロ一つを振って出た目を当てる単純なもの。誰かの家に上がり込めばすぐに遊べたわけだ。

地方でも金が集まる場所では博打が開かれた。そんな場所に集まってくるのが博徒。博打で世の中を渡っていく連中で、ほとんどが勘当などで、人別帳《にんべつちょう》から外された無宿人たちだった。このような連中を束ねたのが、清水次郎長や国定忠治である。ちなみに国定忠治が赤城山に立てこもったなどは講釈師が作ったもので、そんな事実はなかった。

現代人に「へっつい」をイメージさせるのは難しい。私も最初は理解できずに民俗資料館に見学に行った。落語は江戸の物語が多いので、このような問題に出くわすこともある。ビギナー当時に悩んだのが「子別れ《こわか》」の「げんのう」。「子はかすがい」のオチは知らなければとんちんかんだ。正解はとんちんかんではなくかすがい（つなぎの金具）を打ち込む「とんかち」だったが……。

背景　幽霊と妖怪

落語家は幽霊を演じるときには膝立ちになり、両手を前に出し、手の甲を見せる。このとき左右の手の甲を十センチほど上下にずらしておくと幽霊らしく見えるようだ。まあ体型的にどうやっても幽霊に見えない人もいるけど。「へっつい幽霊」で興味深いのは、幽霊が男だってこと。幽霊というのは女でなければいけない。「三年目《さんねんめ》」は化けて出るのが女房の嫉妬心からだから成立するのであり、亭主だったら往生際の悪い野郎と馬鹿にされるのがオチ。「お化け長屋」も「髪を振り乱した女が……、冷たい手で……」とくるから逃げ出すのだ。そう考えると、へっついに取りついた幽霊は、ある意味で与太郎的な存在になっている。極楽からも地獄からも入国を拒否されて成仏できないのだろう。

幽霊の定番、三角頭巾に死装束で足がないというスタイルは江戸の絵師によって描かれたもの。これが今でも日本人の頭にインプットされているわけだ。

江戸時代は幽霊よりも妖怪のほうが庶民に馴染まれていたようだ。『百怪図《ひゃっかいず》巻《かん》』には多くの妖怪が紹介されている。誰もが知っている「ぬっぺっぽう」や「ゆき女」や「山うば」などがそう。どれもが怖いというより、愛すべきキャラクターだ。子どもに対する戒めなどに利用されていたのではないか。東北地方の旧家に住むといわれる座敷童《ざしきわらし》は、枕返しなどのいたずらもするが、家神として扱われている。そういえば落語に妖怪ってあんまり登場しないなあ。「死神」くらいのものか。死神が妖怪なのかは判断できないけど、主人公の男は死神に取りつかれてもてあそばれ、苦しめられる。そうか「死神」という落語は私に対する戒めだったのか。「死神」を「女」に置きかえれば答えはすぐに出る。

ひとこと　へっつい

へっついとは、鍋や釜をかけて煮炊きするための器具。つまり、かまどのこと。今でいうなら、台所にあるガス台のようなものだ。落語に出てくる長屋の台所は土間になっていて、へっついのほかに流しと水瓶《みずがめ》があるのが普通だった。へっついは一家の火処として神聖視されていた。そのためか、今でも家の軒数を幾かまどと数えたり、分家することを「かまどを分ける」、破産することを「かまどを破る」などと言う。

寝床《ねどこ》

あらすじ　旦那のうなる義太夫《ぎだゆう》、これが迷惑で

ある商家の旦那、下手な義太夫に凝り、無理やり人に聴かせたがる。今日も家《か》作《さく》の長屋の連中を集め、自慢ののどを聴かせようとするが、なんだかんだ言いわけをこさえて、誰も来ない。旦那は、義太夫の人情がわからないやつらに店ぁ貸せないとカンカン。店立《たなだ》てを食うよりはと、一同渋々やって来たので、現金な旦那、張り切って野獣のようなどら声を張り上げる。まともに義太夫が顔にぶつかると即死だから、頭を下げて、とやっているうち、酒に酔って残らずその場でグウグウ。旦那が怒り狂っていると、隅で小僧の定吉《さだきち》が一人泣いている。旦那が喜んで定吉に「どこが悲しかった？　やっぱり、子どもが出てくるところだな。『先代萩《せんだいはぎ》』か」「そんなとこじゃない、あすこです」「あれは、あたしが義太夫を

語った床じゃないか」「あすこがあたしの寝床です」。

江戸っ子の生活

「義太夫」は玄人芸。素人は見るに限る

落語「寝床」は八代目桂《かつら》文楽《ぶんらく》の十八番ということになっているが、私にとっては六代目三遊亭圓生《さんゆうていえんしょう》だ。圓生は大阪で生まれ、落語家になる前に義太夫の世界にいた経歴がある。経験者が落語の中で聴かせる義太夫噺は興味深い。もっとも実際に噺の中で義太夫を披露する場所はないのだが、マクラでは義太夫の一端を披露する。圓生というと人情噺や芝居噺に目を奪われがちだが、実は滑稽ものが意外と面白いのだ。

圓生は「圓生百席」の中で収録されている「寝床」のマクラでみずから義太大語りが笑う場面を演じ、「鳥が喘息を患っているような声」と評している。

「寝床」によると義太大は、三味線の伴奏に合わせて怒鳴るというか、叫ぶというか、こめかみに青筋を立て、血管が破裂する勢いで語る芸である。もちろん奥

は深いのであろうが、私のような未熟者にはとうてい理解できない。難解なのは義太夫と浄瑠璃は同じなのかということ。浄瑠璃とは文楽で太夫が行なう浄瑠璃語りのこと。広辞苑で「義太夫」を引いてみると「特に関西で浄瑠璃の異名」とあった。それじゃ関西以外では違うというのか。謎は深まるばかり。別の記述には「義太夫は浄瑠璃の一流派であって同一のものではない」と書いてあった。さらに別の事典を調べてみたら「江戸浄瑠璃」というのが出てきた。出たな妖怪。私を惑わす気か。もういいや。玄人の方々には細かい規定があるのだろうが、素人は義太夫と浄瑠璃は同じものだと考えてよいのではないか。純米酒と吟醸酒のようなもので、違うけれど三杯目からは区別はできないってことにしておきましよう。

浄瑠璃は中世以来の語り物の芸だが、三味線を伴奏に使うようになり、さらに人形とジョイントし、文楽の形になった。

元禄（一六八八～一七〇四年）になると大阪の竹本義太夫が近松門左衛門の書いた物語を独自の節回しで語り、これが現在の文楽に継承されているのだ。おそらくここに浄瑠璃と義太夫の分岐点があるのではないか。元禄期は江戸の歌舞伎と大阪の人形浄瑠璃が、それぞれに進歩発展した時代であった。

余談になるが、一度だけ本物の文楽人形を触らせてもらい、プロの人形遣いの方に指導していただいたことがある。まったく動かすことができず、人形の顔も死んだように見える。それがプロの手にかかると人形遣いの魂が乗り移ったかのように動きだすのだ。「寝床」の旦那と同じで素人が手を出せるジャンルではない。義太夫や人形浄瑠璃は見るに限る。

背景　旦那芸はお座敷に通じる

稽古ごとがテーマとなる落語といえばほかには「稽古屋《けいこや》」がある。読んで字のごとしだけど。隠居に勧められて清元《きよもと》の稽古に出向く男の物語。目的は女にもてるためだから、まともな稽古になるはずがない。馬鹿馬鹿しいのが「あくび指《し》南《なん》」という落語。この噺からは「粋」や「短気」ばかりではない江戸っ子の気質が感じられる。まず「清元や長唄なんかじゃ面白くねえ。他人がやっていないことをやりてえ」という初物好きと仲間内に対する見栄。そしてそれが「あくびのやり方を学ぶ」という酔狂さ。このような江戸っ子の心理を巧みに表現できるのが落語の素晴らしさだ。

江戸の旦那たちはかなりの稽古好きだったらしい。金と暇があればなんでもござれだ。落語にはよく「常磐津《ときわず》の師匠」なんて人が顔を出す。常磐津は「江戸の義太夫」といわれ明治時代にブームになった。清元は常磐津とくらべて歌に近い芸で鼻声を使い力まないところから江戸の粋を感じさせるといわれた。

新内節《しんないぶし》は歌舞伎や寄席にも出演していたが、乙なのは新内流し。三味線を持ち、新内を語りながら町を流して歩く商売だ。かなり前だが「必殺シリーズ」で大女優、山田五十鈴が演じていたっけ。そのほかにも、長唄、小唄といろいろあるが、私的《わたしてき》に旦那芸といえば「かっぽれ」に「都々逸《どどいつ》」だ。これって芸者をはべらせてお座敷遊びをするときには大きな武器となるのだ。私が子どものころの下町には、まだそんな親父が生存していた。着流しに白足袋姿でかっぽれの稽古に通い、向島あたりではちょいと知られた存在だ。気前よく小遣いもくれたなあ。お決まりのパターンで身上を潰していなくなってしまったが……。芸は身を滅ぼすこともある。

ひとこと　店立て

現在では、家主が勝手に借家人を追い出すことは違法だが、江戸時代ではそうではなかった。入居時の証文に、大家の都合によっていつでも店子《たなこ》は家を明け渡す旨が明記されていたのだ。大家が店子を立ち退きさせることを「店立て」という。しかし、当時の大家たちは地代や店賃の徴収には寛大で、滅多なことでは、店立てすることはなかったとか。「大家といえば親も同然、店子といえば子も同然」という諺《ことわざ》通りだったのだ。

転宅《てんたく》

あらすじ　泥棒よりも上手、すれっからしの女義太夫《おんなぎだゆう》

春のある日。妾宅に、旦那が五十円届けて帰った後、これを聞きつけて忍び込んだ泥棒。二号のお梅に見つかり居直った。お梅、とうに旦那には愛想が尽きているから、自分の蓄えの千円を持って駆け落ちしようと、色仕掛けで迫る。泥棒、でれでれになって、とうとう夫婦約束。明日の朝忍んでいく約束をしたが、亭主のものは女房のものと、稼いだなけなしの二十円を逆に巻き上げられる始末。翌朝、泥棒がうきうきして来てみると、家はもぬけのから。慌てて隣の煙草屋の親父に聞くと、女は実は、元は旅稼ぎの女義太夫語り。男出入りが多く、人間がすれている。間抜けな泥棒を口先で騙し、その後旦那を呼んで相談、巻き上げた金は警察に届け、明け方のうちに転宅したとか。「引っ越した？　義太夫が、

たり、だけに、うまくかたられ（騙され）た」

江戸っ子の生活　世間にも認められていたお妾さん

江戸時代に入ると、武家のみならず、大店《おおだな》の主人などが半ば公然と妾を持つようになった。まあ、男の甲斐性というか、金満家としてのステータスというか、体力自慢というか、とにかくご苦労なこった。妾は、その存在を本妻も承知しており、世間的にも認められていなければならない。言いふらす必要はないと思うが。つまり、今の愛人と違って市民権はあったのだ。愛人と違うということは不倫とも違う。旦那は妾に一軒家を用意し、身の回りの世話をする女中を置くこともある。出費がかさむなあ。妾は世間に対して「越後屋さんのお世話になっています」という表現を使っていた。このあたりが日本語の美しいところだ。

しかし、半ば公認とはいえ、本妻さんの気持ちは穏やかではない。このへんの嫉妬心が落語の題材となるわけだ。「転宅」には本妻は登場しないが、妾噺で心理戦が面白いのは「権助提灯《ごんすけぢょうちん》」と「権助魚《ごんすけざかな》」だろう。「権助提灯」では本妻と妾の微妙な感情が興味深い。風の強い夜に「心細いだろうから、あっちに行っておやりよ」と本妻に言われ、妾宅に向かう旦那。妾は旦那が自分に会いたくて来たのならともかく、本妻に心配されてのこととあっちゃプライドが許さない。旦那はどちらの家にも入れてもらえず疲労困憊。「権助魚」の本妻はもっとストレートに嫉妬する。隠れて妾のところに行こうとする亭主に気づき、権助に後をつけさせる。堂々と胸を張っていけば意外と大丈夫なのかも。今後の参考にしよう。

ところで「転宅」の中でも妾のことを「権妻《ごんさい》」と呼んでいるが、これって妾噺によく権助が登場するからかな、ってそんなことはない。「権」には「権大納言《ごんだいなごん》」のように、本来のものに準ずるという意味があり「権妻」となったのが正解。「妾」の語源は「目をかけて面倒をみる」の「目かけ」からきており、「手をかけて世話をする」ことから「手かけ」とも呼ばれた。二号などと称することもあるが、やめましょうよ、そんな野暮な呼び方は。

この「転宅」で注目したいのが「船板塀《ふないたべい》に見越《みこ》しの松《まつ》」という妾宅。船板塀とは古くなった船底の板をはめ込んだ塀。その塀の上から松が頭をのぞかせているって寸法だ。芸者の置屋《おきや》と同じような造りで、なんとも粋ですなあ。ここで私を含め、五十歳以上の約九割の人が春日八郎の「お富《とみ》さん」を口ずさむことになる。著作権に触れる可能性があり歌詞は紹介できないので、各自で歌ってほしい。この「お富さん」の歌詞は歌舞伎の「与話情浮名横櫛《よわなさけうきなのよこぐし》」を題材にしたもの。与三郎が、他人の妾であったお富と恋に落ち、殺されかける。やはり妾宅には歌詞にも登場する「塀」と「松」が重要なのだ。

幕末になると妾の本質が変わってきて、貧困のために娘を妾として売ったり、「妾奉公《めかけぼうこう》」といって契約タイプの妾も増えてきた。さらには複数の旦那を持つ曜日契約妾なども登場する。そんな理由から公の存在であった妾だが、江戸も後期になると市民権を失っていった。そして昭和から平成になると、今度は亭主がその地位を失っていくのである。

背景 間抜けでお馬鹿な泥棒

「転宅」に登場する泥棒は間抜けだが、冷静冷血な泥棒じゃ落語での主役は勝ち取れない。妾に騙される程度じゃ、「転宅」の泥棒はお馬鹿部門で第三位に入るのがやっと。上には上がいるのだ。

お馬鹿部門第二位は「締《し》め込《こ》み」。この泥棒は仕事中に主人が帰宅したので、台所の板を外して下に隠れる。亭主は泥棒が作った風呂敷包みを見て女房が間男と駆け落ちするものと勘違い。そこに帰ってきた女房と大喧嘩となる。仕方なく床下から出て喧嘩の仲裁をした泥棒は夫婦に感謝され酒をご馳走になって泊まっていくはめに……。

そして、栄光の第一位は「だくだく」でしょうなあ。仕事に入ってみると豪華な家具や置物が並んでいる。ところがよく見たらどれもが壁に描いてある絵。せっかく盗みに入ったのだから絵に描かれた箪笥から高価な品物を盗んだつもりの芝居に熱中する。ここまでくると馬鹿を通り越して愛しくなる。

別格は「お血脈《けちみゃく》」で地獄から復活する石川五右衛門だ。五右衛門は安土桃山時代の盗賊で、歌舞伎や浄瑠璃にも取り上げられ逸話には事欠かない。二大盗賊といえばこの五右衛門と鼠小僧だろう。どちらも芝居や小説で取り上げられるうちに義賊になってしまったが、そんな事実はまったくない。そんな責任の一端は落語にもある。憎むべき泥棒なんて全然出てこないのだから。

ひとこと　娘義太夫

義太夫は、江戸時代前期、大阪の竹本義太夫が始めた浄瑠璃の一種。女性が義太夫を語るのが娘義太夫だ。娘義太夫が登場したのは江戸後期から。遊郭で女性が義太夫を語って客を楽しませていたのが始まりで、その後は料亭の座敷や寄席にも進出した。次第に美貌を売りものにするようになり、ときには風紀を紊乱《びんらん》したという理由で、娘義太夫が召し捕られ、牢に入れられることもあったという。

花筏《はないかだ》

あらすじ　提灯屋が大関に、ここ一番の大勝負

提灯屋の七兵衛、知り合いの相撲の親方に頼まれ、重病の看板大関花筏の身代わりに、銚子の相撲興行へ連れていかれる。恰幅がよく、花筏にうりふたつというのがその理由。相撲はとらず、手間賃は一日二分《ぶ》の好条件。ところが、調子に乗って飲み放題食い放題がたたって病人という言いわけが立たず、千秋楽、全勝の網元の倅《せがれ》、千鳥ケ浜と対戦させられるはめに。殺されると恐怖におののくのを親方が、立ち合いすぐ後ろへひっくり返れとアドバイス。千鳥ケ浜も、大関相手では投げ殺されると震える。さて土俵上。両方とも冷や汗たらたら。お互い念仏を唱え合い、提灯屋は目をつぶって両手を突き出し、後ろへひっくり返るが、千鳥ケ浜は恐怖のあまり立ち遅れ、先に尻餅。客が「さすが花筏。あの張り手は大

したもんだ」。張り（＝貼り）手のいいわけ。提灯屋だから。

江戸っ子の生活　相撲は歌舞伎と並ぶ庶民の娯楽

「勧進《かんじん》」とは仏教を勧めて人々を善の道に導くこと。そしてもう一つの意味が、神社仏閣の建立や修繕のために金品を募ることである。

江戸時代の相撲は「勧進相撲《かんじんずもう》」と呼ばれていた。相撲の歴史は古いが、浸透してきたのは江戸時代に入ってから。当初、幕府は娯楽としての相撲を認めていなかった。だが財政難で社寺を支援することが困難になり、勧進のための相撲興行を認めたわけだ。「いいですか、皆さん。あくまで勧進のためで、決して娯楽ではありませんよ」って、そんなものが庶民に通用するわけがないけど。

江戸時代の相撲といえば、年に二回の十日興行だった。相撲好きの人には常識だろう。でもそれ以前の相撲を調べてみると驚くことがたくさんあるのだ。十日興行の前は八日興行だった。しかし偶数日では勝ち越し、負け越しがはっきりしないけどなあ。そんなことよりも土俵なんてなかったのだ。ただ相手を倒すだけ。だから「押し出し」だの「寄り切り」などはない。私が人生という土俵でよくやる「勇み足」もなくて安心だ。米俵で囲った四角い土俵っていうのもあった。プロレスじゃないんだぞ。まあ何百年か後には土俵から四角いリングに転職した人もいるわけだからいいけど。

江戸時代の力士は大名のお抱えになっていた。雷電為右衛門《らいでんためえもん》は松江藩、谷風梶之助《たにかぜかじのすけ》は仙台藩、小野川喜三郎《おのがわきさぶろう》は久留米藩といった具合だ。「お抱え」などといえば聞こえはよいが、簡単にいえばスポンサーのことで、力士が「男芸者」などと揶揄される原因にもなった。各藩の家来も大変だ。桟敷《さじき》でお抱え力士の勝敗を確認すると場外に走り、馬に跨《また》がって待機している家来に伝達し、早馬にて御本宅に報告する。殿様は扇子をぱちりぱちりと鳴らしながらその結果に一喜一憂していたのだろう。

大変なのは見物している一般庶民も同じだ。江戸前期の勧進相撲は観客同士の喧嘩口論が多いとの理由で一時期、中止になったこともある。場内での喧嘩は力士がつまみ出すことになっていた。なんでそんなに乱闘が多かったのか。娯楽が少なかったので興奮しただけではない。多くの観客が勝敗で賭けをしていたからだ。生活がかかっているとあっちゃ血沸き肉躍らせるのも仕方ない。

江戸も後期になると相撲の黄金期を迎え、相撲は歌舞伎と並ぶ庶民の人気娯楽となった。しかし江戸時代の力士の錦絵を見るとあきれる。大きさを強調したいのはわかるが限度ってもんがあるでしょう。どう見ても三百キロはありそうだ。本物を見たら拍子抜けしてひっくり返るかも。決まり手は「肩透かし」になると思う。

背景　江戸の情報源は？

浪曲の広沢虎造《ひろさわとらぞう》といえば「清水次郎長伝《しみずのじろちょうでん》」。その中でも有名な場面は次郎長の子分・森の石松を題材にした「石松三十石船《いしまつさんじっこくぶね》」での「食いねえ、食いねえ、寿司食いねえ」だろう。私も子どものころには意味も知らずに口走っていた。ある博打打ちフリークの男が、森の石松本人を相手に「強いといったら石松っつあんが日本一だね」だの「でもあいつは人間が馬鹿だからね」だのと解説する。この流れは落語「花筏」と大きな関係がある。

テレビや写真のない時代には有名人の顔など誰も知らないのだ。特に地方ではその可能性は高くなる。これほどの情報化社会でも偽者の歌手がなりすましに成功したこともあるし、昔だったらやりたい放題だ。「花筏」に登場する提灯屋の七兵衛のように容姿が似ていて、しかも相撲の興行の中に紛れてきたら疑う余地はない。

江戸時代の人々はどのようにして情報を仕入れていたのか。なんか期待できないよなあ。だって手っとり早いのは人の口からだから。十人で伝言ゲームをやっても最後は出鱈目《でたらめ》になる。流言も多かったはずだ。幕府が庭番や隠密を使って幅広く情報を収集していたのは有名。大店《おおだな》の場合は商品の流通先や飛脚を通じて上方のみならず、全国の流行や相場などの情報を得ていたが、一般庶民となると情報は皆無といってもよい状態だったのだ。庶民は噂を流しただけでも処罰の対象になった。流言によって大混乱を招くこともあるのだから。新聞の原型となった大衆向けの瓦版も実際は違法行為で、情報を規制したい幕府の方針なのだろう。驚いたのは落語家や講釈師も情報の発信源とみなされていたこと。「講釈師、見てきたような嘘をつき」って言うのに。落語家は問題外。話の八割は嘘だと思ってよい。

ひとこと　花形力士

江戸時代の人気力士といえば、谷風梶之助、小野川喜三郎、雷電為右衛門の三大関。中でも松江藩お抱えの雷電は、勝率九六・二パーセントという輝かしい成績を残した。現役時代の身長・体重は、約百九十七センチ、百六十九キロ。日本人の体格が現在よりも格段に小柄だったことを考えると、想像を超える巨体だったに違いない。ちなみに、江戸時代の最高位は大関で、横綱という地位が確立したのは明治に入ってから。

中村仲蔵《なかむらなかぞう》

あらすじ　役作りの妙案、妙見様《みようけん》のご利益が

明和三（一七六六）年のこと。苦労の末、名題《なだい》に昇進した中村仲蔵は、「忠臣蔵」五段目の定九郎役という、山賊のような野暮な風体の悪役をふられた。役作りの工夫を、と柳島妙見に日参し、満願の日。にわか雨にやられてそば屋で雨宿り。駆け込んできた浪人の姿に案を得て、羊羹色の黒羽二重、茶献上《ちゃけんじょう》の帯、朱鞘《しゅさや》の大小という粋ななりを考案する。

初日は、手桶で水を頭からかけ、水の垂れるなりで見得《みえ》。客は見事な出来に息をのむばかり、場内は水を打ったような静けさ。これを失敗と勘違いした仲蔵は「もう江戸にはいられない」と上方へ出奔を覚悟。そこへ師匠の中村伝九郎《なかむらでんくろう》から呼ばれる。師匠は仲蔵の工夫をほめ、定九郎の評判で総見の客をさばくのに表方

がてんてこまいしたと伝える。これをきっかけに芸道精進した仲蔵は、名優として後世に名を残したという話。

江戸っ子の生活

歌舞伎は流行の先端

芸能人にあこがれるのはいつの世も同じ。私の年代だと銀幕のスター。親戚の兄ちゃんたちは石原裕次郎や小林旭の世代で、私たちは加山雄三だった。映画のない江戸時代の娯楽といえば歌舞伎である。

江戸っ子があこがれたのは歌舞伎十八番の一つ「助六由縁江戸桜《すけろくゆかりのえどざくら》」の主人公、花川戸助六《はなかわどすけろく》だ。その反骨精神は江戸の男たちのあこがれで、皆が腕をまくり顎を引いて助六の真似をしたに違いない。

元禄（一六八八〜一七〇四年）になると、初代市川団十郎などが登場し、歌舞伎全盛期を迎える。歌舞伎の人気は江戸や大阪だけではなく、地方にも波及していった。有名なのが金比羅歌舞伎《こんぴらかぶき》で、天保六（一八三五）年に香川県の金刀比羅宮に金丸座《かなまるざ》が建てられ、昭和六十（一九八五）年には歌舞伎の復活公演が行なわれている。

落語には芝居噺《しばいばなし》といわれる歌舞伎を題材にしたものが多い。人情系芝居噺が、この「中村仲蔵」に「淀五郎《よどごろう》」。仲蔵は「淀五郎」にも登場して、苦しむ淀五郎を助けている。いずれも三遊亭圓生《さんゆうていえんしょう》をはじめとする三遊派が得意とするネタだ。「四段目《よだんめ》」や「七段目《しちだんめ》」は芝居好きな素人が仮名手本忠臣蔵の場面を真似することによって起きる騒動で笑いの場面も多くなる。歌舞伎での忠臣蔵は庶民が喜ぶ内容に脚色されており、ある意味では大衆のガス抜きとしても役立っていた。そして「一分茶番《いちぶちゃばん》」や「蛙茶番《かわずちゃばん》」となると素人以下の人たちが織りなすドタバタ劇となって、さらに笑いが増す。芝居噺は間口が広い。

今の歌舞伎にはセレブ感が漂っているが、当時は幅広い人々に支持されていた。だが芝居見物は贅沢な娯楽であったのも事実だ。文化・文政（一八〇四～一八三〇年）の価値で換算すると、一両で、そばが三百七十五杯、串団子が千五百本も食べられた。この一両で、四名ほどが座れる歌舞伎の座敷が約二席買えた。

高いのか安いのかわからんなあ。

江戸の庶民は相撲以外でも番付表を作るのが大好きだった。慶応元（一八六五）年の番付には四代目市川《いちかわ》小《こ》団次《だんじ》が千両役者として掲載されている。千両役者とは一年間の給金が千両だった名優のこと。千両あれば、そばが三十七万五千杯も食えたのか。貧乏人はくだらないことを考えるものだ。

中村仲蔵は実在する人物で、「名人仲蔵」と呼ばれ、落語で語られている通り、五段目の定九郎の演出を確立させ、それが現在でも受け継がれている。名門の出以外には出世が難しいといわれる歌舞伎界にあって、仲蔵は伝説的なサクセスストーリーになっている。柳島の妙見様は私の家から徒歩十分のところにある。何度も通ったがよいアイディアはなにも浮かんでこない。

背景　芝居小屋は夢空間

歌舞伎は能と同じように野外で演じられていた。雨が降ったら当然のごとく中止になる。芝居小屋には享保（一七一六～一七三六年）に入ると、屋根ができ、花道、セリ、回り舞台などが整い、寛政（一七八九～一八〇一年）になると、ほぼ今の形になってさまざまな演出にも対応できるようになった。

芝居小屋の正面入り口は賑やかだ。江戸東京博物館でも本物に近いものを見ることができる。屋根瓦に立ったやぐらは芝居小屋の看板だ。その下には的に矢が当たった「当たり看板」がある。芝居が当たりますようにという縁起物だ。そして板看板には勘亭流《かんていりゅう》の文字が並ぶ。ここに「助六由縁江戸桜」とくるわけだ。赤い提灯がたまりませんなあ。芝居好きの心は躍るばかりだ。

ちょいと中をのぞいてみよう。板張りの舞台は広い。セリは舞台の前方中央にあり、床下からせり上がってくる装置で、もちろん人力で上げていた。花道にあるセリはスッポンと呼ばれた。回り舞台は丸い舞台を半分ずつ使い、これを百八十度回転させることによって場面を転換させた。バラエティ番組「8時だヨ！全員集合」を見ていた人なら、コントが終わり、ゲストの歌手が登場する場面が思い浮かぶはずだ。客席は桟敷になっており、「平土間《ひらどま》」という。そして左右に上下二段の座敷を構え、「下座敷《しもざしき》」「上座敷《かみざしき》」と呼ばれた。

　ここで初代中村仲蔵はどんな定九郎を演じたのか。そのときの観客の驚きはいかほどのものだったのか。照明や電動を利用する以外はほぼ江戸時代そのままの形で継承されてきた歌舞伎。伝統は目に見えぬ重みだ。落語だって同じだが、こちらは軽みが勝負。甲乙はつけがたい。

ひとこと　役者

役者は、女性を夢中にさせるだけでなく、多くの男性の心も捉え、元禄（一六八八〜一七〇四年）以降は、ファッションリーダー的存在でもあった。人気のある役者の着物の柄や染めが男性の間で流行になったり、役者の家紋をあしらった団扇《うちわ》や布地が女性の人気を集めたりした。当時はお上からの規制が多かったが、役者が繰り広げる華麗な世界は、しばし現実を忘れさせ、庶民の心を解放してくれたのだろう。

いまどのきつね

今戸の狐

あらすじ　今戸焼《いまどやき》に精出す噺家と博徒のとんちんかん

乾坤坊良輔《けんこうぼうりょうすけ》という噺家。食うため、今戸焼の狐の泥人形の彩色を、こっそりアルバイトで始めた。それを筋向かいの小間物屋のかみさんが目撃。やり方を教えないと師匠にばらすと脅され、やむなく承知。二人で共同作業を始める。このかみさん、実は千住（通称コツ）の女郎あがり。一方、師匠可楽《からく》の家。弟子の乃楽《のらく》が夜、前座の給金を勘定する音を、グズ虎という遊び人が、狐チョボ（博打の一種）の開帳と勘違い、お上に訴人《そにん》するとゆする。乃楽、これも勘違いし、狐ができるのは今戸の良輔の家だと教える。虎、さっそく、良輔に談じ込む。「いくらか融通してもらいてえが。どこで狐ができてんだ」「戸棚ん中です」。開けると、泥の狐がずらり。「なんだ、こりゃあ」「狐で」「おれが探してんのは、骨《こつ》の賽《さい》だ」「千住の妻《こつ》なら、お向こうのおかみさんです」

江戸っ子の生活

江戸時代の落語家

落語家が主人公という落語は珍しい。理由は簡単、やりにくいから。もし落語の中で落語を演じる場面があったら落語家も客も混乱するだろう。落語の起源は戦国時代までさかのぼるといわれ、原形となったのは元禄（一六八八〜一七〇四年）に登場した江戸の鹿野武左衛門《しかのぶざえもん》、京都の露の五郎兵衛《つゆのごろべえ》、大阪の米沢彦八《よねざわひこはち》といわれる。同時期の三都物語とは、それだけ世の中が落ち着いたってことだ。この時期では大道芸的な要素もあり、現在の落語の形になるのはこの百年後になる。

そのきっかけとなったのは烏亭焉馬《うていえんば》。向島で「咄《はなし》の会」を開き、これが江戸落語の基本形となった。当時の向島といえば、江戸の大店《おおだな》の主人などが別宅地として選んだ場所。酔狂な遊びで集まるにはぴったりだったはず。

落語の普及に必要不可欠だったのが「サロン」だ。サロンは上流層や文化人などが社交的な集会を催す場所。ここで狂歌《きょうか》の会などが開かれるようになり、その後、素人たちが落《おと》し噺《ばなし》などを披露した。江戸では日本橋の駕籠《かご》屋の二階で有料の落語会が開かれ、プロの落語家が寄席で演じるスタイルが確立されるわけだ。そしてこのような気運が高まると、ほしいのがスター。ご心配なく。登場したのが三笑亭可楽《さんしょうていからく》だ。可楽は浅草で寄席を開き、独演会も行なったそう。

当時の落語は三つに分類することができる。文化人が好むサロンでの咄の会。そして大衆を相手にした寄席。さらには吉原やお座敷での余興的な落語。このような状況が落語の幅を広げたともいえる。落語にはさまざまなジャンルがある。それは落語を演ずる場所によって育まれていったものではないのか。サロンでは人情噺、寄席では与太郎噺や職人噺。宴席では廓噺《くるわばなし》や幇間噺《ほうかんばなし》……。五百もある古典落語の基盤になったことは間違いない。

興味深いのは、当時は古典ではなく新作だったってこと。現代人は古典落語を聴いて江戸や明治の生活を体感できるわけだが、当時は「今」を語っていたわけだ。江戸の庶民がどのような感覚で落語に接していたのか知りてえなあ。

毎日、落語が聴ける定席ができたのは文化（一八〇四～一八一八年）のこと。江戸市中には三十三軒の寄席があった。その約十年後には七十五軒、さらにその十年後には百三十軒。さらに幕末になると寄席は四百軒近くになった。床屋みたいなもんで、町内に一つは寄席がある感じだ。今のテレビと同じ存在なのだろう。さらにこの人気に拍車をかけたのが三遊亭圓朝《さんゆうていえんちょう》の登場だ。「鰍沢《かじかざわ》」も「芝《しば》浜《はま》」も圓朝が三題噺から作り上げた傑作だし「文七元結《ぶんしちもっとい》」も圓朝作とされている。数えればきりがない。昨今の落語ブームだって圓朝なくしては考えられないだろう。しかし四百軒もの寄席があった当時は、江戸に何人くらいの落語家がいたのだろうか。正確なデータはないようだ。逆にいえばわからないほど大勢いたのかもしれないな。

背景　落語と動物

「今戸の狐」の狐はサイコロ博打のことで、本物の狐ではないが、落語にはたくさんの動物が登場する。江戸の庶民が動物と共存していたのがよくわかる。それに動物にはなんとなくイメージが定着しているのが面白い。たとえば、同じ人を化かす動物でも狸と狐ではキャラクターが違う。狸はひょうきん者だ。「権兵衛《ごんべえ》狸《だぬき》」に登場する狸は権兵衛をからかいにくるが、つかまって坊主にされてしまう。「狸賽《たぬさい》」での狸は恩返しにサイコロに化けて博打に勝たせようとする。これが狐になると存在が遠くなる。「王子の狐」「七度狐《ななどきつね》」「狐芝居」などの噺はあるのだが、よく聴く噺じゃないし。恥ずかしながら「七度狐」や「狐芝居」はまだ聴いたことがない。狐でよく聴くのは「初音《はつね》の鼓《つづみ》」かな。これも太鼓に狐が乗り移ったというだけで出演はしていない。

ペットの二大巨頭である犬と猫も同様だ。「元犬《もといぬ》」に代表されるように犬は人間になったりして積極的に物語に関与してくるが、猫は違う。「猫の災難」でも「猫と金魚」でも「猫の皿」でも普通の猫として参加しているだけで、落語にも人間にも冷たい。

「伊勢屋、稲荷《いなり》に犬の糞《ふん》」とは江戸にわんさとあるものを表現した言い回し。犬は長屋など地域で飼い、猫は今と同じように家の中で飼われていた。そういえば「代脈《だいみやく》」ではお嬢様の布団の中に猫がいたっけな。昔と違う扱いになっているのは狼だろう。「愛宕山《あたごやま》」の最後では一八《いっぱち》が「狼《おおかみ》に食われちまえ」と脅かされる。まだ日本狼は絶滅前だからな。最後に発見されたのは明治三十八（一九〇五）年だ。

ひとこと　今戸焼

江戸時代の初期から、台東区の今戸や橋場、その周辺の瓦焼き職人が、本職のかたわらに焼きはじめた楽焼《らくやき》。素朴な味わいが魅力で、火鉢や茶道具などのほか、狐や福助、花魁《おいらん》などの人形がある。福を呼び込む招き猫は今戸焼で作られたのが始まりとか。ちなみに、浅草寺近くの今戸神社の本殿入り口には、今戸焼で作られた招き猫が置かれ、江戸時代以来の実績を信じ、縁結びを願う参拝者が絶えないのだとか。

湯屋番《ゆやばん》

あらすじ　勘当中の若旦那、番台で妄想ムフフ

道楽で勘当中の若旦那、居候先の大工・熊五郎の紹介で、夏のある日、日本橋の銭湯に奉公することに。狙いは一つ、強引に頼み込んで番台へ。女湯はがららで、仕方なく現実逃避の空想にふける。客のあだな芸者に見初められ、しっぽり濡れる場面を一人芝居で熱演。演技は次第に佳境に入り、縁を結ぶ雷が鳴ってうれしい蚊帳《かや》の内……の場へ。女が癪《しゃく》を起こして失神。盃洗《はいせん》の水を口移しすると「雷様はこわけれど、あたしのためには結びの神」「今のは空癪《そらしゃく》か」「うれしゅうござんす、番頭さん」。ここでいきなりぽかぽか。「馬鹿。おらアけえるんだ。下駄を出せ」。ところが下駄がない。「そっちの本柾《ほんまさ》のをお履きなさい」「てめえのか」「いいえ、中のお客ので」「出てきたら文句を言うだろう」「いいえ。順々に履

かせて、おしまいは裸足で帰します」

江戸っ子の生活

江戸っ子はきれい好き

江戸っ子の言い回しに「大川《おおかわ》で尻《しり》」がある。「大川（隅田川）でお尻を洗ったようにさっぱりした気分だ」という意味。まるでウォシュレットの出現を予感させるような表現だ。江戸っ子が清潔好きだったことがうかがえる。そんな人たちの生活に欠かせないのが銭湯だ。私も時間があるときには銭湯に行く。行きつけの銭湯は七軒。これが江戸っ子のＤＮＡってもんだ。

落語でも通りで人と出くわすのは湯屋に行く途中という設定が多い。「青菜《あおな》」での大工の熊五郎がよい例。手拭いを肩にかけたまま植木屋の家に引きずり込まれる。「鰻《うなぎ》の幇間《たいこ》」で一人《いっぱち》を騙した男も湯屋に行く途中だったな。

銭湯は天正十九（一五九一）年に伊勢の与一が銭瓶橋《ぜにがめばし》あたりに開業したのが始まりとされる。そのころの銭湯は蒸し風呂で、湯はなかった。男女混浴で、男は褌《ふんどし》、女は湯文字《ゆもじ》という腰巻をつけて入った。それから湯船がある銭湯ができて、蒸し風呂のことを「風呂」、湯船に浸かる銭湯のことを「湯屋」と呼んだ。落語では「湯屋」で統一されている。湯屋は全裸で入るので、男女混浴となると風紀上、問題が発生した。それに女性が一人で入るには危険もともなう。実際に湯屋に行ったがために妊娠してしまう女性も多く、生まれた子どもは「湯の子《ゆこ》」と呼ばれ、長屋全体で育てた。なんちゅう時代だ。そんな理由から寛政三(一七九一)年に混浴は禁止され、浴室を分けるか入浴日を区別するようになった。

文化(一八〇四〜一八一八年)には江戸に六百軒の銭湯があった。営業時間は午前六時から午後八時まで。夜遅くまで営業しないのは火事を恐れてのことで、そのために湯屋の開業も制限されていた。当時の人口からすると六百軒というのは決して多い数字ではなく、湯屋はいつも混雑していたようだ。それでは江戸の湯屋を体験してみようか。

暖簾《のれん》を潜《くぐ》り番台で湯銭を払う。ここで歯磨き粉や膏薬《こうやく》なども売っていた。板場で服を脱ぐ。当時の湯屋には脱衣場と風呂場の間に仕切りはなかった。だから

「湯屋番」での客は若旦那の一人芝居を鑑賞することができたわけだ。洗場で身体を洗って奥に進む。湯船は板に囲まれている。湯気を逃がさず、湯の温度を下げないためだ。燃料の薪は高額なのだ。身をかがめて柘榴口《ざくろぐち》と呼ばれる入り口から入るとそこが湯船。真っ暗で人の顔もよくわからない。湯は何日も替えずに不衛生で臭かったそう。最後にはまた洗場で身体を流すのだ。

湯屋の二階は「二階風呂《にかいぶろ》」と呼ばれ庶民の憩いの場所になっていた。別途料金がかかったが、ここで囲碁や将棋、世間話に花を咲かせ、食事をすることもできた。湯屋が床屋と並び、江戸の二大情報発信基地になった理由がよくわかる。

背景　道楽息子の受け皿

勘当された若旦那はどこに行くのか。吉原の花魁《おいらん》に入れ揚げた「唐茄子屋政談《とうなすやせいだん》」の徳三郎は、とりあえず女のところに転がり込む。最初はちやほやしてくれるが、金の切れ目が縁の切れ目。体《てい》よく追い出される。女のアンテナは高性能だからな。勘当が解けそうもないと判断した途端にお払い箱になるのだ。だから入れ揚げた女に期待してはいけない。経験者は語るのだ。

一般的な若旦那は勘当されると、自分がさんざん金を落とした店や出入りの職人の家に転がり込む。このようなシステムが江戸時代と現在での地域環境の相違点を遠回しに表している。人間関係が希薄になったといえばそれまでだが、落語を聴くと、勘当された若旦那の供給ルートが整備されていたように思えるのだ。簡単にいえば受け皿ってやつ。それもごく自然な形で。

出入りの職人も相手が大店《おおだな》ともなれば、食いっぱぐれはなかったはず。もちろん金銭面のことを考えると拒否できなかったのかもしれないが、どこかに「倅《せがれ》を勘当するから、しばらく頼む」みたいな雰囲気があって、職人側にもそれを何気なく受け入れる大らかな態勢があったのだろう。

居候とは他人の家で世話になり生活をすること。またはその人物のことだが、いつしか「迷惑な厄介者」としてのイメージが定着した。「居」は「住んでいる」で、「候」は「あります」の意味。二つを合わせると「住んでいるやつがいます」となる。世間に広く知られている川柳「居候三杯目にはそっと出し」は肩身の狭い居候の気持ちと、図々しさがよく表れている。ただし、私が居候をした場合の「三杯目」は飯ではなく、酒なので、よろしく。

ひとこと　湯屋の仕事

湯屋では番台のほか、浴槽の前に座って客に上がり湯を差し出す「湯くみ」や、客の体を洗い上げる「三助《さんすけ》」など、さまざまな役割を担う人々が働いていた。とりわけ、興味深いのが「三助」。客の体を糠袋で洗いマッサージし、仕上げは背中を威勢よくパンパンと叩いたそう。簡単そうだが、一人前になるには十年以上かかり、客はその手際によって祝儀の額を変えたのだとか。現在のマッサージ師を想像させる仕事だ。

蔵前駕籠《くらまえかご》

あらすじ　謎の黒覆面、追いはぎか佐幕《さばく》の浪士か

幕末の世情混乱のさなか、蔵前通りに追いはぎが出没。徒党を組み吉原通いの駕籠《かご》客を襲い、徳川家の軍用金にすると称して身ぐるみはいでいく。とばっちりで、駕籠屋は暮れ六つ以後はいっさい営業停止。ある旦那、吉原の花魁《おいらん》から、ぜひ今夜来てほしいとの手紙を受け取り、意地ずくでも行かねばならない。そこで駕籠屋と交渉し、追いはぎが出たらその場で逃げてくれていい、駕籠賃倍増し、酒手《さかて》は一人一分《ぶ》ずつという条件で、ようやく承知させる。自分は褌《ふんどし》一つになり、いざ出発。問題の蔵前通り。榧寺《かやでら》門前にかかると、なにやら怪しい影。ばらばらっと取り囲む十二、三人の黒覆面。「我々は徳川家にお味方する浪士の一隊。軍用金に事欠いておるので、そのほうに所望いたす」。刀の切っ先《きさき》で駕籠の

すだれをぐいと上げると、素っ裸の男が腕組み。「うーん、もう済んだか」

江戸っ子の生活

間抜けな役どころが多い駕籠屋

江戸の庶民が手軽に利用した乗り物といえば駕籠だろう。種類もたくさんある。参勤交代で大名が乗っていたのが権門《けんもん》駕籠。引戸《ひきど》駕籠とも呼ばれ、その名の通り引戸がある。よく時代劇で直訴の折に大名が顔を出し「まあ、よい。申してみよ」という場面を思い出してね。漆塗りの豪華なものだった。

庶民が愛用していたのはもっとセコい駕籠。四手《よつで》駕籠と呼ばれていた。四方に竹を組んで造ったものでこちらもお馴染みだ。幕府は江戸市中で駕籠に乗ることを禁止していたが、駕籠の数を制限することによって営業を許可した。古今亭志《ここんていし》ん朝《ちょう》が「蔵前駕籠」のマクラでも語っているように、駕籠屋では、蔵前茅町の江戸勘、日本橋本町の赤岩、芝神明の初音屋が江戸の三駕籠屋といわれた。今でたとえると、これらは黒塗りのハイヤーで、町を流している駕籠が辻駕籠である。

駕籠をかつぐ人を「駕籠かき」と呼ぶが、落語にもたくさん登場する。時代劇などではあまりよいイメージがないが、落語では間抜けな役どころが多い。「蜘蛛《く　も》駕籠《か　ご》」では客にからかわれたあげくに、騙される始末。「ちきり伊勢屋《い　せ　や》」では全財産を失い、浮浪者同然になった若旦那の伝次郎が駕籠屋を始める。非力な若旦那の苦労ぶりが面白い。私が落語に登場する駕籠かきでいちばん好きなのが「代脈《だいみやく》」で若先生を乗せる二人組だ。

時代が江戸から明治に移ると、乗り物も駕籠から人力車に変わる。これで人件費が半分に節約されたわけか。幕末から維新にかけての目新しいものは海外から伝来したものばかりだが、人力車は日本人が考えたらしい。

人力車の落語といえば「反対俥《はんたいぐるま》」だ。車屋が暴走し、神田から上野までの予定が、演者によっては北海道の稚内に到達している場合もある。汽車を追い越したりもするので、明治時代に入った色がよく出ている。「替り目《かわ　め》」のオープニングに登場する車屋は、酔って帰宅する男を自宅のすぐ手前から乗せ、車輪が一回転もしないうちに到着してしまうという失態をやらかす。

駕籠も人力車も決して安い料金ではなかった。庶民が利用するのは冠婚葬祭などに限られていたが、忘れてはいけないのが遊郭だ。江戸っ子は「形」を大切にする。なにをするにも「形式」や「様子」が重要視されるのだ。駕籠で吉原の見返り柳に到着する。「へい、旦那。着きやした」と駕籠屋。「おお、そうかい。これで帰りに一杯やってくんな」とくるのが「形」なのだ。たまりませんなあ。

私だったら猪牙舟《ちょきぶね》だ。大川から山谷堀《さんやぼり》に入り今戸橋を潜《くぐ》れば、吉原はもうそこだ。嬉しさのあまり身震いしてくる。売春防止法によって吉原の灯が消えたのは昭和三十三（一九五八）年三月。私の生後七か月のこと。せめてあと半年やってくれたら這ってでも行ったのに。

背景　落語的発想が世界を救う

落語は江戸時代から日本の歴史を目の当《まあ》たりにしてきた。最初の激動は幕末から明治維新だろう。「蔵前駕籠」はその当時の噺だ。幕末の混乱は安政七（一八六〇）年に起こった「桜田門外の変」から始まり、慶応四（一八六八）年の戊辰《ぼしん》戦争で頂点を迎えた。私は歴史家でもなければ、先祖が薩長側でも旧幕府側でもない。だからどちらの味方でもない。そんなことより、おそらく私の先祖は、この「蔵前駕籠」に登場する主人公ではないかと思えるのだ。日本の行く末がどうなろうと自分には関係ない。吉原には俺を待っている女がいるのだ。どうせ先のことはわからない。金を残したって意味がない。パーッと派手に使ってしまえ……。

これって関東大震災に遭遇した古今亭志ん生《ここんていしんしょう》の逸話と同じ発想ではないか。地震が発生し、周囲がパニクっている最中、志ん生は「このままじゃかめや瓶が割れて東京中の酒が地面に吸い込まれてしまう」と言って酒屋に走り、酒を浴びるように飲んだそう。「蔵前駕籠」の主人公にしろ、志ん生にしろ、このような偉大な人物がいたからこそ落語は発展してきたのだ。ただ震災によって寄席のほとんどは倒壊してしまった。そして大正十四（一九二五）年に始まったラジオ放送によって、落語はまた別の道を歩みだすわけだ。

その後、日本は軍国主義へと暴走していった。大東亜戦争中に落語は冷遇された。時局にそぐわない廓噺《くるわばなし》など五十三題が禁演落語に選定されたのだ。わかってないなあ。緊迫したときほど最高の薬になるのが落語なのに。だが、なぜか「蔵前駕籠」は禁演落語に選定されていない。それが唯一の救いだ。

ひとこと　蔵前と札差《ふださし》

江戸時代、隅田川沿いに幕府の米蔵があったことから、多くの札差が現れた。彼らは米の仲介業にとどまらず、米を担保に高利貸し業にまで手を広げ莫大な財力を得た。刷毛先の短い蔵前本多と呼ばれる独特の髷《まげ》を結い、大黒紋を加賀染めにした小袖をまとって町を闊歩。吉原や芝居小屋で豪遊、尋常ではない浪費を繰り返した。こうしたスタイルやファッションは「蔵前風」と呼ばれ、江戸で大評判になったという。

ねずみ

あらすじ　冴える甚五郎《じんごろう》の神わざ、仙台の巻

奥州・松島見物のため、仙台までやって来た名工、左甚五郎《ひだりじんごろう》は、みすぼらしい鼠屋という旅籠《はたご》に逗留することに。掘っ立て小屋同然で、布団は損料貸《そんりようが》しから借り、料理は寿司を注文するというありさま。実は主人が足腰立たなくなってから、性悪な後妻と番頭の丑蔵《うしぞう》に旅籠屋虎屋を乗っとられてしまい、物置を改装して鼠屋を始め、十二の倅《せがれ》、卯之吉《うのきち》が客引き。同情した甚五郎、木彫りのねずみを彫って与えると、そのねずみが動きだすので評判を呼び、鼠屋は大繁盛。丑蔵の旅籠、虎屋は逆にさびれる。丑蔵が仙台一の彫刻名人に木の虎を彫らせたところ、虎に睨まれたねずみは動かなくなる。江戸に帰っていた甚五郎は知らせを受けて仙台に急行。「あたしはおまえに魂を打ち込んで彫ったつもりだが、あんな

虎が恐いかい」とねずみを叱ると、「あれ、虎？　猫だと思いました」。

江戸っ子の生活

江戸の陸奥《みちのく》一人旅

甚五郎がどのようなルートで仙台に入ったかは定かではないが、神田の棟梁、政五郎《まさごろう》宅に居候していたわけだから、江戸から出発したのだろう。江戸から陸奥に旅することは並大抵な苦労ではなかったはず。

当時の旅人は、武家、商人、庶民、参詣など身分や目的によって衣服が違った。甚五郎は庶民のスタイルだったはず。上からいくとまず頭には三度笠。下着としてどんぶり。今でも祭礼のときに袢纏の下に着るものだ。職人の普段着であるが胸や腹などに物入れがついているので貴重品を入れるのに便利だったのだろう。そのどんぶりの上には木綿製の道中着を着て歩きやすくするため尻っぱしょりにした。脚は脚絆《きゃはん》に草鞋《わらじ》。脚絆はゲートルの役目で、疲労や脚がつるのを防いだ。

懐には紙入れと通行手形。肩からは振分荷物を前後にぶらさげる。腰には道中差《どうちゅうざし》と呼ばれる刀。武家以外は刀を持つことが許されなかったが、旅のときは護身用の脇差が許された。反対側の腰には煙草入れをさげる。江戸時代はどこでも煙草が吸えたのだろうな。また、腰には矢立《やたて》(筆記用具)などもさした。

江戸も中期になると、旅の案内記や道中記、そして用心集という啓蒙本も出版されて、庶民の旅はますます盛んになった。

旅というと江戸から五街道を歩いてどこかに行くパターンを想像するが、これは都会人のエゴで、地方から江戸見物にやって来る人もたくさんいたのだ。江戸の旅籠街は馬喰町にあった。落語通の方はすぐに「宿屋《やどや》の富《とみ》」を思い出す。よかったよなあ、旅籠代が払えて。当時、地方人が大都会江戸に出てくるのは大変なカルチャーショックがあったはずだ。そこでガイドさんが登場する。浅草寺や日本橋は有名な観光スポットだったのだ。

さて、江戸から東北への旅と聞いて思い浮かぶのが、松尾芭蕉の『奥の細道』だ。芭蕉は甚五郎とほぼ同じ道のりを辿ったはず。甚五郎は仙台の鼠屋を後にして松島に向かったと勝手に思っている。なんたって日本三景の一つなんだから。五大堂からながめた松島は絶景だ。もしかして松島あたりで甚五郎と芭蕉が遭遇していたとしたら、歴史のロマンを感じるなあ。名人同士の出会いだもの、すぐにお互いが相手の大きさを見抜いたはずだ。甚五郎という人物に動転した芭蕉はアイディアが浮かばず「松島や　ああ松島や　松島や」などというお間抜けな句を読んでしまったという説はどうだ。もちろん、この句は後で誰かが考えた洒落で、芭蕉は松島で句を残していない。

背景　謎の男、甚五郎

左甚五郎は伝説的な人物で、その存在には謎が多い。白亜期や弥生時代ならともかく、江戸時代で、しかも作品とされるものが日本中にこれだけ残されているのに「わかりません」じゃすまされないぞ。UFOやツチノコと同じで、架空の人物だと決めつけるのは夢がない。まあ、ツチノコと一緒にするのも失礼だが。

「竹《たけ》の水仙《すいせん》」や「三井《みつい》の大黒《だいこく》」など、甚五郎が主人公となる落語は多い。職人気質で偏屈者だったりはするが、どの噺でも彫ったものが動きだすなど、神がかり的な名工として扱われている。甚五郎の伝説が一人歩きしていった理由かもしれない。甚五郎は落語だけではなく、講談にも登場する。腕のよさをほかの大工に妬まれて右腕を切り落とされたり、江戸城の秘密を知っていたため暗殺されそうになったりと逸話にはこと欠かない。

　甚五郎の作品としてもっとも有名なのは日光東照宮の「眠り猫」だろう。陽明門を潜《くぐ》り右に曲がると、奥社に通じる道があり、その門に彫られている。この眠り猫の真裏には雀の彫刻がある。なんかいいよねえ。猫が目を覚ませば雀は食べられてしまう。東照宮といえば徳川家康を祀った神社。家康は戦乱の世を治め、天下泰平への道を切り開いた。眠り猫は平和を願う家康の象徴なのかもしれないなあ。もちろん甚五郎が眠り猫を彫ったという証拠はどこにもない。

　本人の名誉のために名は伏せるが、墨田区某所にある寺に、見事な龍の彫刻がある。住職は「左甚五郎が腹痛を起こし、この寺に立ち寄ったとき、介抱してくれたお札にと彫ったのがこの龍だ」と言い張っている。おいおい、この寺は関東大震災で全焼したんだろ。

ひとこと　損料貸し

損料貸しとは、お金を取って品物を貸し出す業者のこと。今でいうレンタル業だ。「ねずみ」に出てくる損料貸しは販売も貸し出しもする布団屋だが、一般に損料屋の取り扱う品物は信じられないほど幅広く、それこそ箸一本から取り扱っていたとか。江戸時代の庶民の大半は、貧しかったので、新しいものが買えず、古着屋や古道具屋から中古品を買ったり、損料貸しから品物を借りたりしていたのだ。

抜《ぬ》け雀《すずめ》

あらすじ　宿代代わり、描いた雀が飛んでいった

小田原宿に現れた若い男。夫婦二人だけの小さな旅籠《はたご》で、七日間、一日中大酒をくらって寝ている。心配になり、内金を催促すると「金はない」。自分は絵師なので、抵当に衝立《ついたて》に五羽の雀の絵を描いた。これは帰りに寄って金を払うまで売るな、と言いおき、男は出発。ところが、絵の中の雀が抜け出して、初夏の晴れ間に戯れるから大変。宿場中の評判を呼び、見物人がひっきりなし。ある日、品のいい老人が泊まり、鳥籠と止まり木を描き足していった。絵の評判はますます高くなり、藩主大久保加賀守《おおくぼかがのかみ》が二千両で買うとの仰せ。しばらくして、あの絵師が立派な身なりで現れたので、これこれと報告すると、絵師は屏風の前にひれ伏し「不孝の段、お許しください」。聞けば、あの老人は絵師の父親。「あー、俺

は親不孝をした」「なぜ」「親を籠描きにした」

江戸っ子の生活 旅は危険だらけ

江戸時代の旅は命がけだった。江戸庶民の中で箱根の山を越えたことがあるなんて、ほんのひと握り。携帯電話もクレジットカードもないのだからトラブルが発生したら命取りになりかねない。落語「小間物屋政談《こまものやせいだん》」では主人公の小四郎《こしろう》が商いで上方に行く際、家主に「女房のことをくれぐれも頼みます」と言い残して旅立つ。妻のことが心配だったのだろうが、その言葉の裏には「自分が生きて帰れなかったら……」という意味も含まれている。江戸の旅にはそれほどの覚悟が必要だったわけだ。案の定、小四郎は箱根の山でトラブルに巻き込まれるのだが。

「抜け雀」の舞台となるのは東海道五十三次の小田原宿。箱根の一つ手前の宿だ。宿場町には旅籠が軒を並べ、夕暮れになると旅人がぞくぞくと到着する。待ち構えているのは客引きの女たちだ。今なら「迷惑防止条例」でパクられるところだが、当時はおかまいなし。かなり強引な客引きが横行していたようだ。旅籠は馬のえさを入れる籠のことだったが、旅人が食事をする場所になり、最終的には宿泊場所になったらしい。飯盛り女を置く飯盛旅籠《めしもりはたご》と、置かない平旅籠《ひらはたご》とに分かれていた。旅人のほとんどが男性であったことを物語っているな。

強引な客引きに負けて旅籠に入ると、まず草鞋《わらじ》を脱いで足を洗う。部屋に案内されると番頭がやって来て宿帳に記帳する。あとは風呂に入ったり飯を食ったり、今と大差ない。大差があるのは相部屋制度。当時の旅籠は基本的に予約ができないし、川止めなどがあると、旅人同士で協力するのがルールだった。なお、旅籠で出される夕食は一汁五菜が多かった。朝は夜明け前に起床し、朝食と勘定を済ませて日の出から間もないうちに出発する。十時チェックアウトなどは許されない。電気のない時代は明るいときが勝負。とっとと次の宿場に向かうのだ。

山賊や追いはぎに襲われる危険もあったし、辻駕籠《つじかご》などにぼったくられることもあった。街道で旅人をつけ狙うのが「ごまのはい」。時代劇などにもよく登場する。私はまったく勘違いしていて「ごまのはえ」だと思っていた。胡麻のような蝿が払っても払ってもついてくるという解釈だったのだ。「ごまのはい」は高野山で炊いた護摩の灰のこと。かもを見つけると、かまどの下から盗んできた灰を「高野山のありがたい灰」と偽って高額で売りつける。というより恐喝だ。狙われたら最後、逃れることは不可能だったとか。江戸の旅は本当に大変だったのだな。飯盛女と盛り上がって「旅の恥はかき捨て」などと洒落込んではいられない。

背景 絵師は雪旦《せったん》だった？

私は「抜け雀」に登場し、雀を描いた絵師は長谷川雪旦《はせがわせったん》ではないかと睨んでいる。長谷川雪旦は江戸時代後期の絵師で、旅先においてたくさんの風景画を残している。残念なのは、雪旦が得意なのは実際の景色をスケッチすることで、鳥などの絵は見たことがない。だが風景画の中に描かれている人物は、まるで息をしているかのように思える。雀だって描けるはずだ。

雪旦の名が売れたのは江戸後期に刊行された「江戸名所図会《えどめいしょずえ》」という雑誌。今でいう江戸のガイドブックだ。雪旦はこの本で挿絵を担当する。テレビも写真もない時代だから、江戸の町を正確に描いた雪旦の絵に庶民は大喜びし、「江戸名所図会」はたちまちベストセラーになった。

江戸の絵師は芸術家というよりは職人的な立場だった。絵師と聞いて頭に思い浮かぶのは狩野派。鑑定番組でもよく耳にする狩野派は日本最大の画家集団で、室町時代から約四百年も画壇の中心に君臨した。江戸時代になると幕府の御用絵師としてさらに巨大化していく。狩野派のような絵師を「御用絵師」といい、雪旦のような絵師を「町絵師」といった。江戸っ子としては町絵師のほうが魅力的だな。ところが雪旦も唐津藩主の御用絵師になってしまった。金に転んでしまったのか。まあ、当時の絵師にはパトロンがついているのが普通だったんだけど。

雪旦は唐津に出向く際にさまざまな場所をスケッチしている。これが「西国写生《さいごくしゃせい》」だ。記録によると文政元（一八一八）年八月十二日に小田原近くの酒匂川《さかわがわ》を通過している。このときに旅籠で雀を描いたのだろう。ってほんとかよ。まあいいか。どうせ誰も証明できないのだから。

ひとこと　駕籠かき

ひと口に駕籠といってもさまざまなランクがあった。大別すると、乗り物と駕籠の二つ。乗り物は鴨居《かもい》と敷居《しきい》、引戸のある高級な造りで、これは武士が乗るもの。駕籠は畳簾《たたみすだれ》の垂れがあり竹などで作られた粗末なものだが、この駕籠には庶民も乗れた。また、駕籠をかつぐ者は「駕籠かき」と呼ばれた。体力があれば誰でもできる町人の職業の一つだったとか。

猫の皿《ねこのさら》

あらすじ　茶屋に掘出物、鑑定は仰天三百両

明治初年の秋。端師《はたし》と呼ばれた骨董屋が掘出物を探し、地方を回っていた。中《なか》山道《せんどう》は熊谷在の茶店で、親父が飼い猫に飯を食わせている茶碗を見て仰天。絵高《えごう》麗《らい》の梅鉢の茶碗という名品で、旧幕時代の三百両は下らない。なんとか格安で皿を騙しとってやろうと考え、自分は猫好きなので、ぜひこの猫を三円で譲ってほしいともちかける。親父が承知したので、さらにさりげなく、いっそその皿も一緒にと言うと、親父、しらっとして、それは差し上げられないとにべもない。「旦那はご存じなかろうが、この皿はあたしの秘蔵の品で、絵高麗の梅鉢の茶碗。箱なしでも三百両は下らない品。三円じゃぁ譲れません」「ふーん。なぜそんな結構なもので猫に飯を食わせるんだい」「それが旦那、この茶碗で飯を食わ

せると、ときどき猫が三円で売れますんで」

江戸っ子の生活　芸人は手形無用

落語「猫の皿」の時代設定は、江戸時代後期とも明治時代初期ともいわれている。また茶店があった場所も熊谷、川越などが設定されている。いずれも中山道沿いだ。どうせなら善光寺の門前あたりにしてくれると旅情緒が増すんだけどな。

もし私が江戸の庶民だった場合、中山道を歩き善光寺詣りをするためにはどうすればよいのか。まずは手形の用意だ。もの知りの隠居に聞いたら、二種類の手形が必要なんだと。通行手形は身分証明書として携帯していなければならず、関所手形は関所に提出するもの。中山道には碓井《うすい》と福島の二箇所に関所があるそう。ところで手形ってどこでもらうのだろう。大家や名主《なぬし》を通して町役人や菩提《ぼだい》寺《じ》に発行してもらうとのこと。意地悪な大家のことだから菓子折りの一つも持っていかなければ。

発行された手形を見て驚く。手形って絵馬の親戚みたいな木札のはずだけど。本物の関所手形は薄っぺらな紙切れ一枚。これを関所に提出する。女性の旅が難しかったのは、女性には「女手形《おんなてがた》」も必要だったから。この手形には体型、髪色、ほくろの位置までが書き込まれていた。ほくろって身体のどこまで調べたのだ。場合によっては関所に就職するぞ。直参旗本《じきさんはたもと》などは別にして、芸人などは関所手形が必要なく、関所の前で芸を披露すれば通行が許されたそう。面白くなかったり、芸が未熟だったときは引き返すことになったのか。関所手形を紛失したときは得意のかっぽれを披露しよう。さて準備は整った。家族親戚一同に見送られて日本橋から善光寺を目指して出発する。が、草鞋《わらじ》擦れを起こして板橋から引き返してくるのだ。

徳川幕府は江戸と京都を結ぶ東海道に宿駅《しゆくえき》を整備し、その後、中山道、奥州道中、日光道中、甲州道中を五街道として宿駅伝馬《しゆくえきてんま》制を確立した。宿駅伝馬とは、旅人や荷物を次の宿駅まで人足や馬で継ぎ送る制度。

中山道は江戸の日本橋から熊谷、高崎、加納を経由して草津で東海道と合流し京都の三条大橋に至る。落語「寝床《ねどこ》」では調子っぱずれな旦那の義太夫《ぎだゆう》を「三味線は東海道、義太夫は中山道。大津へ行ったら出くわすだろうって、まるで敵討ち」と表現している。大津は草津の次の宿場なのだが細かいことはどうでもいいか。

江戸から東海道を歩き、伊勢参りをしてから、京都や奈良を見物し、中山道を経由して、ついでに善光寺も参詣して江戸に戻るには二か月もかかったらしい。今の時代だったら会社にも家庭にも居場所はなくなっているはずだ。

背景　食器から装飾へ

端師とは古道具などの仲買人。地方を回り骨董品などを仕入れ、江戸に持ち帰って商いをする。落語の内容からすると、まっとうな商売をしているとは思えない。最近は端師といっても馴染みがないので、道具屋としている噺家も多い。これも時代の流れだが、どちらを選択するかは微妙な問題だ。「船徳《ふなとく》」で「船をもやる」と言わずに「船がつないである」と表現する噺家のほうがわかりやすいのは事実だが、通人は眉をひそめるかも……。

高麗の茶碗とは朝鮮から伝来した陶磁器で、織田信長の時代から茶人が抹茶茶碗として用いていた。落語「井戸の茶碗」で登場する茶碗も高麗茶碗の一つ。萩焼に「井戸形茶碗《いどがたちゃわん》」がある。萩焼の元祖は朝鮮渡来のものといわれ、高麗茶碗から強い影響を受けている。猫に飯を食わせていた絵高麗の梅鉢も、「井戸の茶碗」に登場する茶碗も三百両ということになっているが、たかが茶碗一つにそんな価値がつくとは日本も裕福になったもんだ。もちろん格差社会で貧乏人のほうが圧倒的に多いんだけど。

江戸時代に入って発展したのが京焼。清水焼などが有名だ。色彩豊かな京焼の陶器は西陣織とともに京都の二大産業となった。そして全国各地の窯が異なった焼成法でそれぞれの特色を出し、食器としての役割から見せるための陶器に変わっていった。

実は隠れ陶器マニアの私。酒器、とりわけ猪口《ちょこ》が専門で、旅行をすると窯元《かまもと》をのぞくのが楽しみだ。石川県の金沢では九谷焼の猪口を買った。河童《かっぱ》の絵が描かれているもので我が家の家宝になっている。五千円の家宝ってえのも悲しいが。ちなみにうちの猫が使用している皿は、私が体験工房で轆轤《ろくろ》を回して製作したもの。家では大変に評判が悪い。皿は三十円でも売るが猫はあげない。

ひとこと　茶店《ちゃみせ》

現在、茶店といえば茶葉を扱う製茶販売店となるが、江戸時代の茶店はレストハウスのこと。葦簀《よしず》張りや蓆《むしろ》張りで粗末な造りであったが、茶菓や軽食だけでなく、酒肴を提供する店も少なくなかった。茶店の始まりは、社寺の門前町で服一銭の茶売りから。その後、盛り場や街道筋の路傍にと広まり、一日十里を歩くという旅人にとって、なくてはならないものになった。

あわびのし
鮑のし

あらすじ　こんな飯の食い方もある、長屋の知恵

おめでたい男。しっかり者のかみさんに、おまんまが食いたかったら田中さんちで五十銭借りてきな、と言われる。それで大家の息子の婚礼祝いに尾頭つきを買って持っていけば、祝儀に一円くれるから、それで飯を買って食わせてやる、と言う。鯛は高いので、代わりに鮑三杯を買って帰り、挨拶の口上を教わって大家宅へ。ケチな大家、鮑は「磯の鮑の片思い」で縁起が悪いから受けとれない、と突っ返す。しょげていると、長屋の吉兵衛が「鮑は祝い物ののしになるのに、どこが縁起が悪いんだ、と逆《さか》ねじを食わせろ」と助言。それがうまくいって祝儀をせしめたが、今度は大家が「のしの『の』の字で、杖をついたような『乃』の字を書くことがあるが、あれはどういうことだ」と逆に聞く。男、返答に困って

「あれは、鮑のお爺さんです」。

江戸っ子の生活　庶民の結婚は婿入りから

時代劇でよくある若侍と町娘の逢い引き。「新之助様とは身分が違うのです。私のことは忘れてご家老様のご息女と……」「私は武士を捨ててもかまわん。そなたなしには生きていけないのだ……」江戸時代の結婚は身分や家格の釣り合いが重要視された。武家と町家の結婚などはありえなかったわけだ。

ここで取り上げるのは庶民（町人）の結婚。調べてみると「へ〜」「ほ〜」の連発だ。結婚といえばまず結納。結納は結婚前に婿が嫁の家に行き、嫁の親と酒を酌み交わす儀式で「樽入れ《たるい》」とも呼ばれた。これに縁起物を贈る習慣が加わっていく。結納品を扱う店は、鰹節や昆布などを扱う乾物屋が兼業していた。

庶民の結婚は「婿入り」から始まることが多かった。男性のほうが一定期間女性の家に通うのだ。通っている間に子どもが生まれることもある。仕方ないよね、若い二人なんだから。嫁入りするのは男性の母親が家事から引退し、全権を嫁に譲るとき。しかし、ここで「嫁入り」っていわれてもねえ……。数年たって、子連れじゃ新鮮味がないよなあ。当時の結婚は、嫁にしろ婿にしろ「入り」がつくように二人が新しい所帯を持つのではなく、相手が家に入ることを意味していたのだ。

大店《おおだな》の嫁入りでは持参品を世間に見せびらかす輿入れ行列や、三日三晩も続く派手な宴会なども行なわれた。こりゃ新郎新婦は命がけだな。この時代のお色直しとは、祝言を終えて宴席に向かう折に白無垢から普通の着物に着替えることをいった。招待客は金銭のほかに新婦には紬などの織物を、新郎には雪駄《せった》や下駄を贈ったそう。

庶民の結婚式は、神社仏閣に出向くこともなく、嫁入りのときに親類などを呼んで宴会をするだけ。なにもしないで、いきなり二人で暮らしはじめることも多かった。落語「たらちね」でも簡単に新婚生活が始まるので驚く。ちなみに江戸後期の某村（現在の世田谷区）の資料によると、この村での平均初婚年齢は、男性が二十七歳で女性が二十二歳とある。思ったほど早婚ではない。もちろん女性は十五歳ほどで結婚する場合もあった。

結婚も庶民から農民になると驚きは増すばかり。農村では「嫁盗み」という強行手段が横行していた。男性が仲間たちにも協力してもらい、見初めた女性を相手の家から連れ出す行為で「かつぎ出し」とも呼ばれていた。その後、相手の親に略奪したことを宣言し、村役人などが間に入り交渉してもらう。なにが交渉だ。完全に犯罪だろ。だが世の中は平等ではない。「どうしてうちの娘だけ連れ出されないのだ」と嘆く親もいたに違いない。

背景　離縁に不可欠な三行半《みくだりはん》

結婚とくれば、お次は離婚。離婚は結婚した者だけに許される特権だ。経験しなければ損なので私もやっている。昔は、離婚など許されなかったというイメージがあるが、実はそうでもない。資料によると、江戸時代の武家女性の離婚率は一一パーセントもあったらしい。

江戸の離婚とくれば三行半だ。夫から妻に出す離縁状の俗称で、離婚の理由と再婚許可文言を三行半で書いたところからそう呼ばれた。こんな短い文面で離婚ができるなら、楽なものだ。

離婚でも圧倒的に不利なのが女性。基本的に女性からは離縁できないし、三行半に再婚許可文言がなければ再婚することもままならない。落語には「呑《の》む・打つ・買う」の三道楽を繰り返すお馬鹿亭主がたくさん登場する。DVなどに苦しむ女性もいたはずだ。そんな方は鎌倉東慶寺にどうぞ。離婚を望む女性が駆け込み尼として三年の修行を終えると、晴れて離縁が許される。縁切り寺とも呼ばれ、女性の救いとなっていた。実際には女性から離縁を申し入れ、協議の結果、男性が三行半を書くことも多かったようだ。

形式的には女性が不利でも、夫婦生活上は女性のほうが強かったのだろう。「鮑のし」を聴けば、それが手に取るようにわかる。ぐうたら亭主にしっかり者の女房という構図は日本の伝統だ。

日本の冠婚葬祭にはさまざまなしきたりがあった。この落語は婚礼に関する慣例を知らないと理解しにくい点もある。現在はお祝いを贈るときに使用するのし紙には「あわび結び」などの水引が印刷されている。昔は鮑の肉を薄くそいで引き伸ばし、乾燥させたものを進物に添えていた。三行半のときも利用できるとか。「のしをつけて返してやる」などと言って。

ひとこと　祝いのし

お祝いの贈答品に添えられる飾りで、黄色い紙を長六角形の色紙で包んだ形をしているものがあるが、これを「熨斗《のし》」という。正式には「熨斗鮑《のしあわび》」。元来、鮑の肉を薄くそぎ、引き伸ばして乾燥させたものだ。鮑は太古から神聖視され、神前に供えられるものであった。今でも、新嘗祭《にいなめさい》の神饌（しんせん）に入っている。また、身は食用にされるだけでなく、貝殻も貝ボタンや眼病治療薬などに利用されたとか。

らくだ

あらすじ　長屋でとむらい、嫌われ者は厄介者

乱暴者で「らくだの馬」というあだ名の男が河豚《ふぐ》中毒で頓死。故人に輪をかけて凶暴な兄弟分が、葬式を出そうと、通りかかった紙屑屋《かみくずや》を脅して長屋の連中にかけ合わせ、無理やり香典を出させる。次は死骸を紙屑屋に背負わせ、大家と豆腐屋の目の前でかんかんのうを踊らせて脅迫。大家から通夜の酒と肴と飯、豆腐屋から早桶代わりに四斗樽を強奪。ところが、紙屑屋を脅しつけ、無理やり酒を飲ませたのが仇。弱虫の屑屋が酒乱に豹変して逆に兄弟分を脅し、死骸を坊主にして、落合の焼場まで差し荷でかついでいく。焼く段になると死骸がないので、もと来た道を引き返し、酔って寝ていた願人坊主《がんにんぼうず》を死骸と間違えて桶に入れる。焼き場で火をつけると、坊主が目を覚ました。「アツツ、ここはどこだ」「火屋

（ひや）だ」「冷酒（ひや）でいいから、もう一杯くれ」

江戸っ子の生活

哀愁の野辺送り

日本の葬儀の九割以上は仏式で行なわれている。現在の葬儀スタイルが確立されたのは江戸時代で内容はあまり変化していない。葬儀は時代よりも地域によって異なるものなのである。結婚式や七五三は神前だが、葬儀は仏前。日本人って不思議だよなあ。節操がないのではない。伝統なんだから仕方ないのだ。

葬儀がからむ落語はいくつかある。「近日息子《きんじつむすこ》」では、父親に「先のことを考えて少しは気を利かせろ」と説教をされた馬鹿息子が、父親の葬式の準備をしてしまう。「片棒《かたぼう》」は父親が三人の息子に、自分が死んだときの葬儀次第を聞く噺。いずれも現在の葬儀と大差ないが、異なるのは髪剃《こうぞり》だろう。「三年目《さんねんめ》」という落語はこの髪剃が物語のキーワードになっている。死者に戒を授けて髪の毛を剃るのだ。江戸時代では一般的な儀式だったが、現在の葬儀では見かけない。祖父が亡くなったときは私がバリカンで髪を刈った。もちろん髪剃なんていう儀式は知るよしもなく、ただ長い入院生活で伸びた髪を整えたかっただけのこと。文献にも「死者の髪を剃り、白い一重の着物を左前に着せる」とあるから供養にはなったはずだ。せっかくだから、あれは髪剃ということにしておこう。らくだの兄貴分もこの髪剃をちゃんと行なっているから偉い。乱暴に引っこ抜いて丸坊主にしたようなもんだけど。

もう一つの相違点は棺桶だ。当時は土葬が中心だったから、埋めやすい形が求められる。膝を抱えるようにして丸い棺桶に納めるわけだが死後硬直の場合はどうしたのだろう。怖いので考えるのはやめた。湯かんを行ない納棺するが、死者には手甲《てこう》や草鞋《わらじ》を履かせ、棺桶の中には経や米などを入れたようだ。

現在は火葬後、四十九日に墓地に埋葬するのが普通だが、江戸時代では葬式直後に土葬されていた。そのために行なわれていた特有の儀式が「野辺送《のべおく》り」だ。横溝正史原作の映画化などでもお目にかかれると思うが、棺桶を埋葬場までかつぎ、親族などが列をなして見送るのだ。落語「長屋《ながや》の花見《はなみ》」では長屋の月番二人が酒（本当はお茶だが）や食べ物をかついで運ぶ場面がある。そこで「おう、この前、海苔屋の婆さんの棺桶をかついだのも俺とおまえじゃなかったか」という台詞があるが、長屋の葬儀でも野辺送りが行なわれていたことを物語っていて面白い。それにしても「野辺送り」なんて哀愁のある名称は誰が考えたのだろう。日本の情緒ですなあ。野道をうつむき加減に歩く一行の姿が思い浮かぶから。らくだの場合は極楽には行けそうもないので、さしずめ「地獄送り」ってとこでしょうか。

背景　見世物は大繁盛

日本でらくだが流行ったのは文政四（一八二一）年のこと。落語ではなく本物のらくだだ。オランダ船がつがいのひとこぶらくだ二頭をアラビアから運んできて長崎商人に売り渡し、このらくだが見世物となり全国を巡業したのがきっかけ。鎖国中の日本じゃ世界のことなどまるでわからない。まして娯楽も少ない時代に西洋から珍獣がお目見えするとあっては黙っちゃいられないのが江戸っ子。ましてらくだは生きているんだから。日本人が見たらくだのイメージは「図体がでかくて、のっそりしていて役に立ちそうもない」。そんな背景が長屋の無頼漢のあだ名となったのだろう。ちなみに象が見世物になったのは文久二（一八六二）年のこと。当時のちらしには「象は七福を生ずる霊獣」だの「らくだを見ると子どもの疱瘡《ほうそう》除けになる」など嘘ばかりが書かれている。人を集めるために興行師が考えたのだろうが、のどかな時代だったってことね。

かんかんのうは「唐人踊《とうじんおどり》」のこと。唐人の扮装をした者が鉄鼓や胡弓などの中国楽器に合わせて「かんかんのう」を歌いながら踊った。元は中国の「九連環《きゅうれんかん》」という歌でほとんどの人が歌詞の意味を理解していなかった。言葉の響きが面白かったのだろうか。いってみれば植木等の「スーダラ節」みたいなもの。「スイスイスーダラダッタ……」って意味は不明だけど爆発的に流行ったのと同じだ。

銭湯を湯屋《ゆや》というように火葬場は火屋といった。ちなみに、兄貴分と屑屋が高田馬場を経て向かったのが落合の火屋で、古今亭志ん生《ここんていしんしょう》の十八番「黄金餅《こがねもち》」で西《さい》念《ねん》が生焼けにされるのが桐ヶ谷の火葬場。ついでに私が死ぬと町屋の火屋で焼かれる予定だ。

ひとこと　河豚

落語に河豚が出てくると、たいていの場合、食べた誰かが死ぬことになる。河豚の毒は卵巣や肝臓にあり、水に溶けやすく、長時間煮沸しても消えないほど熱に強く、しかも、早ければ食後三十分、遅くとも四、五時間で中毒症状を起こすのだから恐ろしい。豊臣秀吉の朝鮮出兵では、河豚に毒があるのを知らない兵が多く、死亡者が続出。「この魚食うべからず」という絵入りの立て札が辻々に立ったといわれる。

寿限無《じゅげむ》

あらすじ　長命願ってながーい名前

男子が生まれた熊、和尚に相談に行く。長生きする名をというので、長く親を助けるで長助、寿命限りなしで寿限無。無限を表す五劫《ごこう》のすり切れず、海砂利水《かいじゃりすい》魚《ぎょ》、水行末雲来末風来末《すいぎょうまつうんらいまつふうらいまつ》。衣食住は大切だから、食う寝るところに住むところ。藪柑子《やぶこうじ》は正月の飾りでめでたい。パイポ、シューリンガン、グーリンダイ、ポンポコピー、ポンポコナーは、唐の国王一家で、揃ってご長命。熊さん、出た名を全部つけてしまう。この子が成長、わんぱくで友達を泣かす。「ワーン、寿限無寿限無五劫のすり切れず海砂利水魚の水行末雲来末風来末食う寝るところに住むところ藪柑子のぶら柑子パイポパイポパイポのシューリンガンシューリンガンのグーリンダイグーリンダイのポンポコピーのポンポコナーの長久命の長助が、頭をぶったあ」。言いつけるうちにこぶが引っ込んだ。

江戸っ子の生活

子どもの誕生

江戸時代の妊娠から出産までの経緯は、現在と大きく異なる。まだ医学の知識が浅いので、妊娠は神に与えられたものと考えていた。よく時代劇などで「天からの授かりものですから……」なんて言っているけど、あれは比喩表現ではなく本当にそう思っていたのかもしれない。

妊娠して五か月目に入ると帯祝いを行なう。妊婦が腹帯を締めるもので、この風習は現在でも残っている。うちの場合は水天宮にお参りに行っただけだったなあ。犬の出産は楽だといわれているので、戌《いぬ》の日に行なうことになっている。ねずみのほうがいいと思うけど。ねずみ算《ざん》ってくらいなんだから。この帯祝いによって周囲が妊娠を知ることになるのだ。子どもが誕生するという事実は尊いものなのだが、出産という行為自体には偏見もあった。出産は不浄のものという観念があって、臨月に入ると、妊婦は納屋などに隔離され、家族と別々に暮らした。さらに出産を終えても七十五日間もここで暮らし、身体を清めてから家族のもとに戻った。七十五日って人の噂じゃないんだぞ。まあ、文化といってしまえばそれまでだが……。

江戸時代は座るか、または立ったままで出産したらしい。もちろん産婦人科などはないので自宅で生む。やって来るのが産婆《さんば》さん。通称「取り上げ婆」だ。古《こ》今亭志《こんていし》ん朝《ちょう》の「大工調《だいくしら》べ」の中で棟梁の政五郎《まさごろう》が与太郎に「なんでえ、道具は返さねえ、銭も取り上げ婆か」「それが爺なんだよ」という場面を思い出して笑ってしまった。閑話休題《かんわきゅうだい》。江戸時代は女性の地位が低く、女性ならではの職業が少なかったが、さすがに出産関係は別だ。産婆は経験がものをいう仕事だから男には無理だし、婆が多いのも納得できるな。また乳母は乳の出ない母親がいる武家などに雇われて赤ん坊に乳を与えた。

妊婦は出産後も七日間は横になることが許されなかったようだ。つらいだろうなあ。でも本当に大変なのはこれから。江戸時代の赤ん坊の四人に一人は満一歳を迎えられなかったと聞く。熊五郎が長命の名前をつけたいと思ったのは当たり前のことで、笑い話とはいえない。だから子どもが一歳になるまでは多くの行事がある。「出産祝い」に続いて、「三日祝い」。それから「お七夜《しちや》」。「寿限無」でもわかるようにこのお七夜に名前をつけるのだ。そして今でも必ず行なう「お宮参り」となる。お次が大人と同じ食事ができるようになる「食い初め」。そのまんまじゃねえか。そして「初節句」を迎え、一歳の誕生日となる。ここまでくればひと安心。三歳で髪置《かみおき》、五歳で袴着《はかまぎ》、七歳で帯解《おびとき》といった行事が終わればもう一人前。だってあと数年もしたら奉公に出るのだから。

背景　実在した寿限無

落語「寿限無」の熊五郎が、名前をつけてもらうために相談に行くのは、隠居の場合もあるが、お寺の和尚のほうが多いようだ。

江戸の中心部はともかくとして、周辺の村では寺が地域の住民にとって重要な役割を担っていた。村というと、とんでもなく辺ぴな場所を想像するが、私の住んでいる墨田区だって南側の両国は銀座にも匹敵する大都会だったが、歩いて三十分たらずの押上は田園が広がる村だったのだ。寺は役所でもあり、その村の住人を把握していた。この寺の檀家になることが身元保証となり、通行手形や引越し、就職、婚姻なども寺で管理していた。また檀家制度はキリシタンの弾圧にも役立っていたのだ。とにかく寺が地域の要であったことは間違いない。命名を依頼するのはごく自然な流れだったわけだ。

ところで、寿限無が実在していたのをご存知だろうか。鈴木寿限無という男で寛政十一（一七九九）年に神田神保町で生まれている。寿限無は通称だったようだが。落語が先なのか、鈴木寿限無がいたから落語ができたのかは知らない。ま、どっちでもたいした影響はないからな。この男、名前の通りに九十八歳まで生きたらしい。一周忌の明治三十一（一八九八）年には三遊亭圓朝《さんゆうていえんちょう》が彼の墓の前で「寿限無」を奉納落語として演じたそう。長生きよりもこっちのほうに価値があったかもね。

「寿限無」は前座噺の代表格。入門したてで必死に寿限無を演じていた無垢な青年が、十五年もたつとむさ苦しい噺家になっている。月日の流れは残酷だ。

何年か前に、小学校五年生の甥っ子の学芸会を観にいったら、「寿限無」を劇にして演じていた。さすがに名代の前座噺だけあって、子どもが演じるのは初々しい。「居残り佐平次《いのこりさへいじ》」でもやられた日にゃ、ひっくり返るが。

ひとこと　水天宮

水天宮は、日本全国にある神社。子どもを守護する神社とされ、安産、子授け、子育ての祈願が多い。特に、犬のお産が軽いことにちなみ、戌《いぬ》の日には安産祈願の人々で賑わうようだ。江戸時代、出産を手助けする女性を取り上げ婆と呼んだが、経験が豊富な老婆がつとめるのが普通だった。取り上げ婆に限っては、子孫繁栄のためという理由で、大名行列の供先《ともさき》を横切って駆けぬけることが許されたとか。

文七元結《ぶんしちもっとい》

あらすじ　娘か手代《てだい》か、究極の選択に悩んだ果ては

本所達磨横町《ほんじょだるまよこちょう》に住む左官の長兵衛。腕はいいが博打に凝り、家計は火の車。今日もすってんてんで帰ると、十七になる娘のお久が、父親の博打の借金返済のため、みずから吉原の佐野槌《さのづち》に身を売っていた。女将の意見で目が覚めた長兵衛は、博打をやめて真面目に働き、来年の大晦日までに娘を請け出すと誓う。ところが夜寒の帰り道、長兵衛は日本橋横山町の鼈甲《べっこう》問屋、近江屋の手代、文七が、掛け取り金五十両紛失の申し訳に、吾妻橋で身投げしようとするのを目撃して助け、迷った末に、お久の身売り金五十両を押しつけた。文七が帰ると、掛け取り先から、文七が忘れたと、店に五十両が届いていたから大騒ぎ。文七の旦那は事情を聞いてお久を請け出し、文七にお久をめあわせた。所帯を持った二人が麹町

に元結屋の店を開いたという「文七元結」由来の一席。

江戸っ子の生活　厄介な江戸っ子気質

ある噺家が地方出身者に「江戸っ子というのはどのようなものですか？」とたずねられ、「面倒くせえから、この噺を聴いてくれ」と言って演じたのが「文七元結」だ。少々やりすぎとの意見もあるが、ある意味で究極的な江戸っ子像を描いている。この噺から江戸っ子気質を検証してみるか。

《宵越しの銭は持たない》宵越しどころか、生活費さえない。

《粘りがなく軽はずみ》長兵衛は腕のいい職人だが、ちょいと博打に手を出して仕事をしなくなる。まさにこの典型だ。

《おせっかいで世話好き》吉原佐野槌の女将は長兵衛に五十両という大金を貸してやる。その長兵衛は見知らぬ手代にその五十両をくれてしまう。おせっかいの二連発だ。弱い立場にある江戸庶民の連帯感がこのような気質を生み出したのか。

《からいばり》自分の娘が女郎になる危機なのに、文七に対して「お久は女郎になったたって死にゃしねえが……」などと強がりを言う。

《意地っ張り》娘や金がどうなってもよいのか。人情や正義感を優先してしまい、後先のことを冷静に判断できない。

　ざっと挙げただけでもこれだけある。だが江戸っ子気質の中でもいちばん厄介なのが面目、つまり世間に対する名誉ってやつ。それが顕著に表れるのが、近江屋の主人が五十両を返しにきた場面。すでに文七に五十両をやる理由すらなくなっているのに受け取りを拒否。「一度、懐から出した銭を引っ込めるなんざ、仲間内にでも知れたら……」などと言う。長兵衛は娘が女郎にされてしまうより、仲間から「セコい野郎だ」と言われないことに重きをおいている。なんという面目だ。

　同じような江戸っ子の馬鹿げた面目を描いた落語に「三方一両損《さんぽういちりようぞん》」がある。左官の金太郎が三両入った財布を拾い、持ち主の大工、熊五郎に届ける。「ありがとうございました。お礼に二割を差し上げます」とはならない。「俺の懐から勝手に出ていった金だから受け取るわけにはいかねえ。持って帰れ」となる。届けたほうだって意地があるから大喧嘩に。大岡越前の名裁きによって騒動は丸く治まるわけだが、江戸っ子が聞いてもあきれてしまう内容だ。

私の妻は「文七元結」がお嫌いのようだ。彼女いわく「江戸っ子気質を気取っていても、所詮は男のエゴじゃないの。そんな面目のために苦労させられる女房や娘はたまらないわよ」。安心しなさい。うちには娘はいないし、あなたではもう女郎にはなれませんから。

背景　美濃の職人がモデルになった文七

「文七元結」には特別な思い入れがある。私が育ったのは墨田区本所。「文七元結」の舞台となっている場所がすべて徒歩圏内に入っているからだ。本所一丁目を歩けばここに達磨横丁があったのかと感慨にふける。文七の気分を味わってみたくて、小梅から枕橋を越えて吾妻橋まで散歩したこともある。吾妻橋は浅草と本所地区を結ぶ重要な橋。「唐茄子屋政談《とうなすやせいだん》」での若旦那も吾妻橋から身を投げようとするし、時代劇でもよくそんな場面に出くわす。吾妻橋から身投げをする人は多かったようだ。

ところで、元結とはなにか。これは、ちょんまげや女性の髪を束ねて結ぶための紙製の紐のことで、江戸時代の髪型には欠かせないものだ。元結は弱くて切れやすかったが、美濃の職人、桜井文七が改良し、これが「文七元結」の名で評判になった。「文七元結」の作者、三遊亭圓朝《さんゆうていえんちょう》は、そんな背景からこの噺を組み立てたのだろう。だけど明治維新でざんぎり頭になったとき、元結屋はひっくり返ったただろうな。

この噺は「人情噺文七元結《にんじょうばなしぶんしちもっとい》」として歌舞伎でも演じられている。落語でも大ネタの一つで、高座にかけるにはそれなりの技術と貫禄が要求される。二つ目になりたての落語家が演じて袋叩きにあったのを目撃したこともあるしなあ……。

「娘を女郎にしてまで他人を助けたいのか」と言う人には「利己主義だらけの世

の中、落語の世界にくらいそんな馬鹿がいてもいいじゃないか」と説得している。

ひとこと　身請け

公的には吉原の遊女は十年契約の年季奉公人とされていた。その間に、運よく、身代金を払ってくれる人が現れると、遊女たちはその商売から身を引くことができた。これを身請けや落籍《らくせき》という。ただし、身代金のほか、その他の借金の返済や、女郎、芸者、幇間《たいこもち》にまで料理をふるまう引き祝いを盛大に行なわなければならず、最低でも数十両、階級によっては数百両から千両が必要だったとか。

茶《ちゃ》の湯《ゆ》

あらすじ　成り上がりのご隠居、お茶の作法わからず

大店《おおだな》のご隠居、根岸の隠居所で毎日、退屈で仕方がない。倅《せがれ》が茶室を造ってくれたので、ちょっとやってみようと小僧と相談するが、なにを揃えていいか、二人ともわからない。そこで、茶の代わりに青黄粉、なにか泡立つものをと、椋《むく》の皮を入れるというお粗末ぶり。招かれた客は、脂汗をダラリダラリ。おまけに、ケチな隠居、口直しの羊羹代が高くつくと、茶菓子も自前で作ることに。さつま芋を蜜で練り、灯油を塗ったすごい代物を利休饅頭と称し、無理やり客に食わせる。ある日、事情を知らない金兵衛がこれを口にし、思わず吐き出して、残りはこっそり袂《たもと》へ。お茶で口をゆすごうと、飲んだが運の尽きで青黄粉と椋の皮。慌てて便所に逃げ込み、袂の饅頭を向こうの田んぼにエイッと放ると、百姓の顔に

ベチャッ。「あ痛たぁ、また茶の湯か」

江戸っ子の生活

江戸の隠居は五十歳

昔は戸主制《こしゅせい》という制度があり、多くの場合は家督を相続したものが一家の首長で戸主権を持っていた。簡単な話が家でいちばん偉い人ってことね。その人が家督や地位を子どもなどに譲り、第一線から退くことを隠居といった。もともとは武家社会での慣習だったようだ。

隠居の代表的存在といえば水戸黄門。よいご身分ですなあ。私の記憶によると、テレビで四十年以上も日本中を旅していた。

落語に登場する隠居は商家の主だったが、息子に身代を譲った人物が多く、不思議なことにだいたいが長屋の横丁に住んでいる。温和な性格で物知りだが、中には知ったかぶりをする隠居もいるので注意が必要だ。「天災《てんさい》」や「道灌《どうかん》」や「子《こ》ほめ」に登場する隠居なら問題はないが、「やかん」の隠居はどうも怪しい。

江戸時代後期の平均寿命は男女ともに三十歳未満だったらしい。これは死亡者の約七割が五歳未満だったから。逆に考えると子どもが五歳まで成長するのは大変だったともいえる。初節句などが重要視されたのが理解できるな。二十歳まで生きた人の平均寿命は六十歳だったらしい。それでも今とは二十年も違うのだから、人生の予定表も大きく異なるわけだ。今の隠居のイメージは七十歳以上だが、江戸時代じゃすでに極楽か地獄にデビューしている可能性が高いもの。

今を基準にして考えると、江戸時代は結婚も出産も前倒ししなければ間に合わない。よって商家の主は五十歳前後で隠居した。ってことは私も隠居できるわけだ。

江戸では五歳くらいから寺子屋に通うのが普通だったが、隠居がここで先生となるケースは多かった。商家の出だから、読み書きやそろばんなどはお手のもの。そんな理由から「隠居＝物知り」というイメージが定着したのだろう。

落語の世界の隠居は長屋に住み、子どもから生活費をもらって慎ましやかな生活を送っている。特別することはないが、熊さんや与太郎が毎日のように上がり込んでくるので退屈はしない。問題なのは「茶の湯」に登場するような大店《おおだな》の隠居だ。大店の場合は、屋敷の中に隠居部屋を造ったりするが、この隠居のように別邸を建てることもあった。

根岸は江戸の別荘地だった。のどかな場所で余生を過ごすには最適な場所。だが、なにもすることがないのはつらい。この「茶の湯」という落語は現代社会を予測し風刺していると思えるのだ。定年を迎えた日からなにもすることがなくなる男たち。趣味もなく、ただ家の中をうろうろするのは今も同じ。ただ違うのは子どもに譲る家督も身代もないってことくらいか。

背景　茶道と華道

今の世でいう「茶道」は「茶の湯」と呼ばれていた。茶道は禅宗寺院《ぜんしゅうじいん》の茶の湯から始まり、安土桃山時代に千利休によって完成された。戦国時代のドラマを見ていると、利休が登場し、織田信長や豊臣秀吉と茶を嗜《たしな》んでいる場面に出くわす。武将の必須科目だったようだ。茶道は江戸時代初期までは上級武士や豪商の間で楽しまれていた。

江戸時代になると、商人たちの金回りもよくなり、客をもてなす方法として茶道が定着しはじめた。ところが茶道は茶だけではすまなくなるのだ。茶室を普請し、庭などを造作し、陶器や道具にも凝りだす。いくらあっても金が足りないぞ。「茶の湯」の隠居も別宅に茶室なんぞを造ったために苦労するのだ。「町内の若い衆」では、町人の兄貴分までもが茶室を普請している。茶道の大衆化を物語っている証拠だ。これは千家系の流派が家元制度を確立させたことにより、町人たちまでが習いごととして茶道を嗜んだからだ。

家元制度で発展したほかの習いごとといえば、華道だろう。昔は華道を「立《りっ》花《か》」と呼んでいた。江戸では池坊専好《いけのぼうせんこう》が立花の基礎を作り、これが江戸後期に「生け花」として広がっていく。武家の子女や上流町家の娘がこぞって稽古ごとに選び、嫁入り修業の一端となった。また十八世紀の文献には「生け花の宗匠《そうしよう》の多くは京都からやって来て、江戸の風流人が門人《もんじん》になった」と書かれている。

江戸っ子の新しもの好きがうかがえる。私は無粋なので遠慮しておく。華道には暗いから。この洒落がわかったら落語上級者だ。わからない方は落語「道灌」を聴いてください。

ひとこと　椋の皮

落語では「椋の皮」と伝わっているが、正確には「無患子《むくろじ》」のこと。広辞苑によると、ムクロジ科の落葉高木で西日本の山林に生息し、球状の核果《かくか》を結ぶ。黒色の固い種子は羽子の球に用い、サポニンを含む果皮は石鹸の代用として使われたそう。現代に置き換えると、食器洗剤を入れたことになるので、客たちが青くなったのも当然のこと。ちなみに抹茶の代わりに使った青黄粉は、青大豆を炒って粉にしたもの。

厩火事《うまやかじ》

あらすじ　髪結いの亭主、茶碗か女房か

秋の深い日。女髪結いのお崎《さき》が、仲人の旦那のところへ相談に来る。聞けば、年下亭主の八五郎が酒びたりで仕事もせず、おまけに焼き餅焼き。愛想が尽きたから別れたいと言う。旦那は料簡《りようけん》を試してみろと、二つの話を聞かせる。一つは、唐土《もろこし》の孔子という学者が、厩の火事で愛馬が焼け死んでも、家来の身だけを気遣った話。次に、麹町のさる殿様が、奥方より家宝の皿を大事にし、奥方の実家からそんな不人情な家に娘はやっておかれないと離縁された話。「おまえの亭主が孔子様か麹町か、なにか大切にしているものをわざと壊して確かめてみな」。帰ったお崎、亭主の秘蔵の瀬戸物の茶碗を、台所でわざと転んで割る。「どこも怪我はなかったか」「おまえさん、やっぱりあたしの身体が大事かい」「当たり前よ。おめえが怪我すれば、あしたから遊んでて酒を飲めねえ」

江戸っ子の生活　髪結いの亭主は男のあこがれ？

しかしまあ、江戸時代は男女ともに面倒臭い髪型をしていたもんだ。正月に日本髪を結う女性の芸人が「横になって眠れないのが悩みなのよ」とこぼしていた。崩れたら以上終了だからな。江戸の男たちは身なりに気を遣う。お洒落なのだ。特に髪にはうるさく、髪結床には毎日のように通った。「浮世床《うきよどこ》」を聴けば、江戸の男たちにとって床屋が生活の一部であったことが手に取るようにわかる。銭湯と同じように社交場であり、情報の発信地でもあったわけだ。

髪結床は店を構えている「内床《うちどこ》」と、空き地などで営業する「出床《でどこ》」があった。また道具箱を持って出張する「廻《まわ》り髪結《かみゆ》い」もいたが、多くは男性の仕事だ。「廐火事」に登場するお崎は女髪結い。女性の髪型は厄介で素人が結うのは難しく、まして自分で結うなどは不可能に近い。遊郭などには男の廻り髪結いが出入りしていた。イケメンの髪結いなら「あら、様子のいいお兄さんだこと。よかったらこのまま遊んでいかないかい」って誘われたんだろうな。ちくしょう。安政（一八五四〜一八六〇年）に入ると得意先を回る女髪結いが登場する。たすきがけをして口には櫛をくわえ、女性の髪を結い上げる。この技術には相当な差があったらしい。今でも「カリスマ美容師」なんて人がいるが、当時も自分なりの工夫や技法があれば人気を呼び、あちこちから声がかかった。妻が通っている美容室でも人気の美容師はなかなか予約がとれないらしい。このへんは昔とまったく同じ感覚なのだろう。

カリスマ女髪結いが結婚していた場合、困った問題が発生する。女房は道具箱片手にお客の家を飛び回る。当然、家事はおろそかになって、亭主が助けるようになる。女房が帰ってくると「あら、掃除までしてくれたのかい。すまなかったねえ。これで一杯ひっかけてきたら」てな具合で小遣いをくれる。女髪結いは亭主よりよっぽど稼ぐのだ。こんなことが続くと亭主は女房の稼ぎをあてにして働かなくなる。これが「髪結いの亭主」発生の原理である。なんともうらやましい限りだ。

髪結いの亭主は「ヒモ」とは違う。ヒモとは女を働かせて金銭を貢がせる、つまり強要している雰囲気がひしひしと漂う。ただ女を食い物にしているのだから男の恥といってよい。だが髪結いの亭主は微妙に違う。そこに力強さや、悪巧みはなく、たんなる怠け者といった感じ。「髪結いの亭主なの？　乙な暮らしだねえ」と言いたくなるもの。私も経験してみたいがやめておこう。鹿火事どころか、家計が火の車になりかねない。

背景　落語的夫婦のカテゴリー

落語は滑稽な夫婦の宝庫だ。それは夫婦というものが、落語を通じて人を笑わせたり泣かせたりするのにいちばん都合のよい人間関係だからだ。もとは他人だった男女が一緒になり、子どもを作り、愛し、憎み、嫉妬し、そして信じる。

落語に登場する夫婦は私の統計によると四つのカテゴリーに分類できる。まずは「亭主関白系」。「文七元結《ぶんしちもっとい》」や「替《かわ》り目《め》」の夫婦がこれに該当する。とはいえ、実際には、てのひらで転がされているってやつなんだけど。DV亭主じゃ落語は成立しないのだ。亭主本人がひとりでは生きていけないことを自覚しているのが救いとなる。

次は冬の天気図じゃないけど「妻高夫低系」。これが落語的にはいちばんおいしい。「短命《たんめい》」「町内の若い衆」「錦《にしき》の袈裟《けさ》」「抜《ぬ》け雀《すずめ》」「鮑《あわび》のし」あたりが当てはまる。これらの女房になると夫を人間扱いしていない。我が家もこのカテゴリーに入ると思っていたが、妻がやさしい言葉をかけてくれた。「猫よりは役に立つわよ」だって。嬉しくて涙が出た。「夫婦ドタバタ系」は亭主の誘いにのって女房も一緒に馬鹿をやってしまうのだ。「青菜《あおな》」「尻餅《しりもち》」「目薬《めぐすり》」などがそう。ある意味ではもっとも幸福な夫婦だ。

「理想の女房系」に該当するのが「芝浜《しばはま》」「中村仲蔵《なかむらなかぞう》」に登場する妻だ。この女房では滑稽噺は無理。どうしたって人情噺になってしまう。ところで「厩火事」の夫婦はどこに該当するのか。考えたのだが難しい。この夫婦は保留しておく。

この「廐火事」のオチは古典落語で三本の指に入るシュールなものだ。作者不詳だが、思いついたときはニンマリしただろうなあ。演芸作家になって二十余年。私もそんな経験がしてみたい。

ひとこと　仲人

仲人は「月下氷人《げっかひょうじん》」とも呼ばれる。これは、縁結びの神の「月下老《げっかろう》」と「氷上人《ひょうじょうじん》」を組み合わせた言葉。江戸時代は、「仲人といえば親も同然」といわれるほど影響力があり、仲人になるのは親戚や大家さんの夫妻。めでたく婚約が成立すると、婿側が嫁側に結納と祝儀物を届け、嫁側は婿側に持参金を持って輿入れする。間に立った仲人は謝礼として持参金の一割をもらう決まりがあったので、これを生業とする者もいた。

大工調《だいくしらべ》べ

あらすじ　棟梁の啖呵が聴きどころ、痛快お裁き噺

神田小柳町に住む大工の与太郎。ぐずでのろまだが、腕はなかなか。ある日、与太郎が溜めた店賃《たなちん》のかたに、道具箱を家主の源六に取られる。棟梁の政五郎《まさごろう》が仲介し、四か月分、一両八百文の店賃のうち、一両渡して請け出しに行かせる。ところが、与太郎が教わった通り「八百ばかりあたぼうだ」を連発、怒った源六に残り八百持ってくるまで道具箱は渡せないと追い返される。怒った政五郎が奉行所へ訴えた。お白州《しらす》で、奉行は源六に、そのほう、質株《しちかぶ》はあるかと尋ねる。結局、質株を持たず道具箱をかたにとった咎《とが》で、源六は二十日間の大工の手間賃として、与太郎に二百匁《もんめ》払うよう申しつけられる。奉行「これ、一両八百のかたに日に十匁の手間。ちと儲かったようだな」政五郎「へえ、大工は棟梁、調べを

ごろうじろ（＝細工はりゅうりゅう、仕上げをごろうじろ）」

江戸っ子の生活　消えた江戸っ子言葉

「あれっ、『ひっこい』だっけ『しっこい』だったっけ……」

物書きとしてはお恥ずかしい限りだが、混乱することがある。江戸っ子の宿命ってやつか。落語「大工調べ」といえば古今亭志ん朝《ここんていしちょう》。因業大家《いんごうおおや》に向かって啖呵を切る場面はしびれる。下町の生まれ育ちでなければこの台詞はこなせまい。

江戸弁はその名の通り江戸時代に確立されたものだが、関東大震災によって町が破壊され、新しい町が築かれたことにより、薄まっていった。私の実家は七十年以上も墨田区本所にあるが、近所での日常会話で「あたぼうよ」だの「べらぼうめ」といった言葉は聞いたことがない。ただ、何気なく使っている言葉が江戸弁の残滓《ざんし》だった、なんてことはある。「帰る」を「けーる」、「うるさい」を「うるせー」と言うのも立派な江戸弁らしい。

「大工調べ」の中で大工の棟梁、政五郎が連発する「べらぼう」は、相手を罵倒する言葉で「馬鹿」と同じ。「べらぼう」の語源について、志ん朝は大工調べのマクラで「正しくはへらぼう。飯を練るへらのぼうみてえな野郎で、飯を食うだけの穀潰し。へらぼうが濁ってべらぼう……」と解説している。私は『全国アホ・バカ分布考』(新潮文庫、松本修著)の中でも著者にたずねられ、この説を主張した。だが松本氏は寛文(一六六一〜一六七三年)に見世物として流行った「べらぼう」が起源という説を唱えた。広辞苑で調べた限りでは松本氏に軍配が上がったようだ。悔しい……。

罵倒語としての「べらぼう」は消えたが「べらぼうに高い」とか「そんなべらぼうなこと言われても……」など「馬鹿」に置き換えても通用する言い回しは今でも使われている。

「あたぼう」は「あたりめえだ、べらぼうめ」を短くしたもの。「そんなのあたぼうよ」と言われてしまいそうだが、気の短い江戸っ子は長い言葉を嫌い、短く詰めてしゃべる傾向がある。「あたりき」は「あたりまえ」という意味で「あたりきしゃりき」を短くしたもの。「てやんでえ」は「なに言っていやがるんでえ」の略だと思う。落語「替《かわ》り目《め》」では、亭主がおでんダネについてうんちくを述べている。「江戸っ子ってえのはなんでも短く言うんでえ。焼き豆腐はヤキ。黒蒟蒻《こんにゃく》はクロ。ガンモなんかはガンでたくさんだ」だって。江戸のガンモ親父は手に負えない。

一昔前には粋な江戸弁をしゃべる爺さんが実在していた。「ひ」が「し」になる程度じゃまだまだ素人。「まっすぐ」を「まっつぐ」。「うごく」を「いごく」。「自分」のことを「おいら」。このあたりをさり気なく会話の中に放り込めたら本物だ。「この道をまっつぐ行ったら日比谷だから……」。信じて、行ってみたら渋谷である可能性は高い。

背景　オイシイ役どころだった越前

「大岡政談《おおおかせいだん》」として歌舞伎や講談にも登場する大岡越前守忠相《おおおかえちぜんのかみただすけ》。落語だって負けてはいない。「大工調べ」のほかにも「小間物屋政談《こまものやせいだん》」「三方一両損《さんぼういちりょうぞん》」などで名裁きを披露する。もちろん実在の人物ではあるが、ほとんどがフィクションで実際に越前が裁いたものはない。だが調べてみると、やはり越前は名奉行だったようだ。火のないところに煙は立たぬってことか。

大岡越前は享保二（一七一七）年から十九年間も町奉行を勤めている。時代劇で見る通り、八代将軍徳川吉宗からの信頼は厚く、吉宗の命をうけて小石川療養所を設立させ貧しい庶民に医療の道を開いた。また町火消制度や物価対策や農政にも尽力した。このような庶民のために努力した結果が好感度をアップさせ後世に名を残したわけだ。ある意味、ほかの奉行はオイシイところを全部、越前に持っていかれたのね。かわいそうに……。

町奉行とはどんな役職だったのか。幕僚《ばくりょう》などは勘定奉行、寺社などは寺社奉行、そして江戸の民政全般を担当したのが町奉行。庶民と深い関わりがある司法、行政、立法のほか、警察、消防なども担当していたのだ。いってみれば裁判所の判事、警視総監、東京都知事を兼ねている。でもこれは危険だ。三権分立は人民の政治的自由を保障するための原理原則ですぞ。こんなに権力を集中させてしまってよいのか、ねえ吉宗さん。

ところで、落語の政談は大岡越前。遠山の金さんが登場する噺はない。遠山左衛門尉景元《とおやまさえもんのじょうかげもと》は貧しい庶民の生活向上を重視し、底辺からの江戸繁栄を主張した人物。金さんだって貢献してるんだけどな。桜の手柄は散りやすいってことか。

ひとこと

棟梁

大工に限らず、組織や仕事を束ねる中心人物のことを棟梁と呼ぶ。だが、落語で棟梁といえば、普通は大工の親方のこと。その語源も、建築物の最重要な部分、すなわち屋根の最上部にある「棟《むね》」と柱の上に渡す「梁《はり》」からきている。棟梁は大工をスタッフとして使うばかりではなく、技能を伝授したり、収入の確保をしてやったりと、さまざまな面倒を見てやるものだった。

宗論《しゅうろん》

あらすじ　落語版の宗教論争、キリスト教対浄土真宗

店が大忙しというのに、倅《せがれ》の宗太郎《そうたろう》が朝から姿を消し、旦那はカンカン。倅は最近キリスト教にかぶれ、先祖代々の浄土真宗はそっちのけ。教会から帰った宗太郎に、親父は、なぜ阿弥陀様を拝まないと小言を言うが、蛙の面になんとやら。変な調子で、天の神様が魂を創ったと、両親と神様が三角関係だったような、穏やかならぬことを言いだす。キリストが人民を救うため、十字架にかかったとうんちくをたれ、しまいには朗々と賛美歌を歌いだす始末。親父、ついに堪忍袋の緒が切れ、ポカポカポカ。そこに止めに入ったのが飯炊きの権助。宗論はどちらが勝っても釈迦の恥と、旦那をいさめる。旦那は感心して「いいことを言ってくれた。けれど権助、おまえ、その教えを知っているからには、真宗だ

な？」「あに、おら、仙台だから、奥州でがす」。

江戸っ子の生活

江戸っ子の信仰心

「宗論はどちらが負けても釈迦の恥」という通り、この噺はもともと日蓮宗と浄土真宗の信者の論争だった。ところが現代人のほとんどがその違いがわからない。つまり落語として成立しないわけだ。そこで「仏教」（正確には浄土真宗）対「キリスト教」という構図になる。これだと理解しやすいし、笑いも多くとれる。

現代人の多くは宗教に節操がない。私がその代表格だ。キリスト教系の幼稚園を卒園し、家には仏壇があるのに神前で結婚式を挙げ、息子はお寺の幼稚園に通い、家庭内で崇拝されている神は妻という人間だ。そうか。だからカミさんというのか……。このような節操のない状況でなければ「宗論」を演じることはできない。国や人種が違ったら暴動どころか、落語家は生きて高座からおりられない。

江戸時代にキリスト教はご法度だったので、落語「宗論」は明治時代に入ってからの設定だと思われる。明治以前の宗教事情はどうなっていたのだろうか。仏教は聖徳太子からずっと日本に定着していたわけだし、仏教のみならず人々の信仰心も今よりは強かった。それは落語のあちこちからもうかがえる。「明烏《あけがらす》」のうぶな若旦那はお稲荷様のお籠《こ》もりだと騙されて吉原に連れ込まれる。お籠もりとは祈願するために社寺に籠もることで、口ぶりからすると日常的に行なわれていたようだ。そういえば「お神酒徳利《みきどつくり》」で物語の解決に一役かったのもお稲荷様だったな。「三枚起請《さんまいきしよう》」に登場するのは熊野三所権現《くまのさんしよごんげん》発行の起請文。起請文とは女郎が客に対して発行する「年季が明けたら夫婦になる」という誓約書。熊野権現発行の起請文で嘘をつくことは許されず、血を吐いて死ぬといわれた。それでも嘘をつくのが女郎なわけですが。

「富久《とみきゆう》」ではたいした家財もない幇間《たいこもち》、久蔵《きゆうぞう》の長屋にちゃんと大神宮様《だいじんぐう》（神棚）が飾ってある。芸人には縁起ものだが、結果としてこの神棚が久蔵を救ってくれたのだ。「船徳《ふなとく》」は観音様、「初天神《はつてんじん》」は天神様、「堀《ほり》の内《うち》」はお祖師《そし》様にお参りにいく噺。「山号寺号《さんごうじごう》」では成田山新勝寺《なりたさんしんしようじ》、東叡山寛永寺《とうえいざんかんえいじ》、金龍山浅草寺《きんりゆうさんせんそうじ》などの寺名が飛び出す。江戸庶民の胸にはごく自然な形で信仰心があったのだ。

一方でキリスト教徒は弾圧を受けながらも、九州地方を中心に潜伏していた。幕府がキリシタンの禁教令を出したのは慶長十七（一六一二）年のこと。そして寛永十四（一六三七）年には島原・天草一揆が起こった。三万七千人ものキリシタンが武力行動に出たこの事件が発端となり、余計にキリシタン禁制が徹底されるようになった。中央集権や身分制度などが政策の中心となる当時の日本では、正義と慈愛に満ちた宗教は邪魔だったのね。特に年貢に苦しむ農民などがキリスト教の教えに傾倒していったのは当然だろう。「宗論」に登場する息子のようなミーハー信者ではないのだ。

背景　落語に見る親子関係

父と倅が対決する落語の代表作といえば「親子酒《おやこざけ》」だろう。寄席でもお馴染みの一席だ。禁酒を約束した父子が、お互いに泥酔してのご対面。まさに同じ穴のむじなで、落語の設定としては最高だ。

「宗論」はまだその手前だが、匂いは同じ。噛み合わない会話を繰り広げ笑いを誘う。「片棒《かたぼう》」は大店《おおだな》のケチな主人が、自分が死んだときの葬式をどのように行なうつもりか、息子三人に問いただす。その論外な発想に主人は気を失いそうになる。「近日息子《きんじつむすこ》」では父親の説教を勘違いしてピンピンしている父親の葬儀の準備をしてしまう。

総括してみると、落語での父と倅の関係には殺伐とした雰囲気や深刻な状況は似合わない。いずれも間抜けな息子ではあるけれど、父親にもそんな馬鹿を作ってしまった片鱗《へんりん》が感じられて微笑ましいではないか。

これが父と娘になると様子は一変する。「文七元結《ぶんしちもっとい》」では博打三昧の父親の犠牲になり、「柳田格之進《やなぎだかくのしん》」では父親の頑固さが災いして、やはり娘が吉原に身を落とすことになる。「井戸《いど》の茶碗《ちゃわん》」では浪人の娘、お市が清楚な存在感を示す。

共通する熟語は「忍耐」。観光地の土産物店で売っている、額に「根性」「気力」とともに書かれていたこの言葉は、落語に登場する娘のためにあったのね。江戸時代だと娘は耐える配役になってしまうのだろうな。これが幼い子どもだと、今度は洒落にならない。落語として成立しなくなってしまうから。

しかしながら世の中は恐ろしい。落語の世界ではそんな娘たちが女房になった途端、鬼や般若に変身する。身体には貫禄がつき、口は達者になり、夫に対する尊敬の念など微塵もなくなる。おっと、これは落語だけの話ではないけどね。

ひとこと　阿弥陀様

阿弥陀如来は無明の現世をあまねく照らす光の仏様。「阿弥陀様」と人々が崇め奉るようになったのは鎌倉時代以降のこと。鎌倉時代に浄土宗が隆盛を極め、阿弥陀如来に関する言い回しが登場するようになったのだ。江戸時代の人々は信仰心が深かった。それは、科学や医学が発達しておらず、天変地異や悪病、飢饉などのトラブルに遭遇したら、神や仏にすがるしかなかったからと推測するに難くない。

文庫化解説にかえて

対談「落語と四季」

三遊亭小遊三《こゆうざ》×畠山健二

編集　本日は文庫『超入門！　江戸を楽しむ古典落語』刊行にあたり、三遊亭小遊三師匠と、著者の畠山健二さんに「落語と四季」というテーマで対談をしていただきたいと思います。

小遊三師匠（以下、小遊三）騙しやがったな。呑もうってえから来たのに。そんな話は聞いてないよ。

畠山　だって、対談なんて言ったら来てくれないじゃないですか。酒は対談が終わってからということで……。

小遊三　それじゃ手っ取り早く済まそうじゃねえか。

編集　あ、あの……、聞き及んだところによりますと、以前、某雑誌でお二人が対談をなさったとき、悪ふざけがすぎてほとんどがボツになったとか……。今日は真面目にお願いしたいのですが、よろしいですか？

畠山　私は大丈夫です。

小遊三　あたしも少しは大人になりましたから。

編集　それでは、よろしくお願いします。

畠山　日本人の生活と切っても切り離せないのが季節ですよね。

小遊三　おっ。いきなり入りやがったね。考えてみりゃ、一年中、夏だとか冬だってところもあるんだから、得した気分にはなるねえ。

畠山　損得の問題じゃないと思いますが……。

小遊三　……

日本人と季節と聞いて、まず思い浮かぶのは俳句ですね。七五三の世界

畠山　千歳飴を持ってどうすんですか（笑）。五七五の世界でしょう。

小遊三　細かいことはともかくとして（笑）。一年中、暑かったら、俳句なんざ

つまらねえものになるだろうねえ。

畠山　そりゃそうですよ。俳句っていうのは季語を入れて、季節の花鳥風月を詠むものですからね。俳句ほどではありませんが、落語も季節との関わりが深いですよね。

小遊三　よっ。またしても強引に入れてきやがったな。

畠山　落語で「春」というと、やはり「長屋の花見」ですね。今、私は「本所おけら長屋シリーズ」という時代小説を書いているんですが、原点はこの「長屋の花見」という噺にあるんです。

小遊三　読んでますよ。おけら長屋。大当たりじゃないの。左団扇どころか右扇風機って噂だから。でも、なんとなくわかるなあ。貧乏長屋のセコイ花見だけど、楽しそうで参加したくなるもん。おけら長屋と同じテイストだな。

畠山　師匠も花見はするんですか?

小遊三　花見は義務感でやりますね。やらなきゃならないっていうか。

畠山　無理してやらなくても……。

小遊三　毎年、井の頭公園であるのよ、らくご卓球クラブの花見が。普通は地べたに酒や料理を置いてやるでしょう。ところが世話人が凝る人でね。テーブルを作ってきて、花なんか飾ってね。そこに料理を並べるわけ。

畠山　キャンドルは?

小遊三　新郎新婦じゃないんだから（笑）。でも、いいねえ。来年から採用するか。

畠山　それだけ花見に思い入れがあるなら、長屋の花見を演じるときには、気合が入るのではありませんか。

小遊三　ところが、あたしは長屋の花見、演《や》らないんだよね。

畠山　（ずっこける）演らないんですか！（笑）

小遊三　「百年目」は演るけど。でも、当時の花見は盛り上がっただろうね。番頭の治兵衛が芸者・幇間を引き連れて向島に繰り出す場面なんて、今じゃ考えられないもんな。

「鰻の幇間」はホントにありそう

畠山　夏の噺で、よく高座にかける噺はなんですか？

小遊三　「船徳」はやりますね。「船徳」は冬の噺ですけど。

畠山　えっ。暑い盛り、四万六千日の噺じゃないですか。

小遊三　夏場に演ると汗かいて疲れるから（笑）。

畠山　それは、師匠の個人的な問題じゃないですか！

小遊三　それに筋肉痛にもなるし。船を漕ぐ仕種が、太股に負担がかかるんだよね。本当は疲れないようにやるのがプロの技なんだけどね。

畠山　でも、能天気な若旦那ものは小遊三師匠に合ってる気がするなあ。「湯屋番」の若旦那とか。

小遊三　そうなんですよ。言動に責任を持たない人の噺は得意だから（笑）。

畠山　「たがや」は演らないんですか？

小遊三　二ツ目のころは演ったけど、人より下手なんでやめた……（笑）。

畠山　えーっ、ちゃんと演りましょうよ！

小遊三　夏の噺で好きなのは「鰻の幇間」だな。面白い噺ですよ。本当にあるよ、ああいうことは。旦那に騙されたとわかった幇間の一八が、鰻屋の仲居さんに愚痴る場面。あそこが上手くできるといいよねえ。「酢豆腐」も好きですね。

畠山　上方では「ちりとてちん」ですね。

小遊三　「酢豆腐」は前座のころに覚えたんだけど、「ちりとてちん」は知らなかった。笑いをとるなら「ちりとてちん」だよなあ。「酢豆腐」はサゲも気取っているからね。

畠山　「酢豆腐はひと口に限りやす」ですからねえ。そのてん「ちりとてちん」のサゲは「豆腐の腐ったような味がします」とストレート。

小遊三　意味のわからない方は、ＣＤでも聴いてください。でも「酢豆腐」にしても「千両蜜柑」にしても、冷蔵庫のない時代が垣間見えて面白いねえ。

畠山　さて、秋なんですけど、はっきり「秋だ」っていう噺は少ないですね。「目黒のさんま」くらいですかね。

小遊三　寄席で秋のネタといえば「目黒のさんま」だもんなあ。

畠山　「目黒のさんま」は演るんですか？

小遊三　目黒のさんま祭りで頼まれてね、急遽、覚えて一回演っただけ（笑）。

畠山　もったいないじゃないですか。せめて三回は演りましょうよ。食欲の秋ともいいますから「そば清」なんかも秋の噺なんですかねえ？

小遊三　こじつけだと思うよ。でも考えてみると秋の噺は少ないねえ。そんなわけで冬にいきますか。

畠山 そうしましょう。私、師匠の「時そば」が好きなんですよ。どんなことに気をつけて演ってますか？

小遊三 最初に登場する男には心地よいスピード感が必要だね。前半でモタモタしてちゃ駄目ですよ。

畠山 蕎麦をたぐる仕種は、かなり稽古されたんですか？

小遊三 そりゃまあ、しましたけどね。でも実際にはあんな大袈裟な食べ方はしないでしょう。その人のやり方でいいんじゃないかな。でもさ、こうやって考えると、落語は夏と冬に特化してるのかもしれないね。

畠山 季節で色分けすると、暑いときと、寒いときの噺が圧倒的に多いですからね。寒くなって年末になると、やっぱり「芝浜」ですかね。「芝浜を聴く会」なんていうのもありますし、「芝浜」をライフワークにしている噺家さんもいますよね。

寄席と吉原の共通点は……

小遊三　あたしは「芝浜」はやらないんですよ。噺家には、それぞれの役割があると思う。小遊三の役目は、はじめて落語を聴くお客さんを、つなぎとめることだと思ってんの。あたしは、それしか考えてません。だから、あたしに小難しい噺は必要ないんですよ。

畠山　それ、わかります。小遊三師匠に打って付けの役目ですよ。笑点の人気者で、落語会の広報という立場もあるわけですからね。はじめて寄席に来てくれたお客さんは大切ですよ。面白くなかったら二度と来てくれませんよ。

小遊三　リピート率を上げなきゃ寄席は成り立ちませんからね。

畠山　そういう点では、落語と吉原は似ていますね。私なんか高校生のとき、金を握りしめて震えながら、はじめて吉原のソープランドに行ったわけですよ。それなのに出てきた相手が※△◎✖§◆□でね……。もう、二度とこんなところに来るもんかと誓いましたから（笑）。

小遊三　そんな✖ΔΘΛΣΠが出てきたのかよ。悲惨だね〜。で、もう吉原には行かなかったわけ？

畠山　いや、その一か月後にまた行きましたけど……（笑）。

小遊三　行ってるんじゃねえか！（笑）

畠山　でも、昔の吉原っていえばね……。

【しばらくの間、割愛させていただきます】

編集　あの……、その話はもうよろしいでしょうか。そろそろ本題に戻っていただかないと……。

小遊三　えっ、本題って何だっけ？

編集　ですから、落語と四季についてですよ。

畠山　ところで、江戸時代の冬は寒かったんでしょうね。薪などの燃料費は高価だったらしいし、貧乏長屋にはすきま風が吹く。着物は薄っぺらい。厳しい季節ですよ。

小遊三　だから、身体の中から温めたんでしょう。「時そば」にも出てきますね。熱いのをたぐり込んで寝ちまおうって。「二番煎じ」なんか、まさにそんな噺ですからね。

畠山　ウチの町内でも年末になると夜回りをやりますが、熱燗を呑みながらなんで、回り終えたころには、みんなヘロヘロ。火の用心にも警戒にもなってません（笑）。

小遊三　落語は偉大だねえ。百年以上経っても、日本人は同じことをやってるんだから。進歩がないともいえるけど。

編集　あのー、そろそろまとめていただけますか。

畠山　いや〜、小遊三師匠。季節って本当にいいもんですね。

小遊三　ぜんぜん説得力ないだろ（笑）。まあ、まとめとして言うのも何だけどさ……。

畠山　な、何ですか？

小遊三　実はあたし、季節感のある噺は嫌いなんですよね……

畠山　い、今さら何を言い出すんですか！

小遊三　だって、季節限定の噺って、年に一度しかできないから、思い出すのが大変だもん。

畠山　ひえ〜！

（了）

索引

参考文献（順不同）

竹内誠監修『江戸時代館』（小学館）
小木新造・陣内秀信・竹内誠・芳賀徹・前田愛・宮田登・吉原健一郎編『江戸東京学事典』（三省堂）
立川志の輔監修　古木優・高田裕史著『千字寄席』（ＰＨＰ文庫）
林えりこ著『宵越しの銭　東京っ子ことば』（河出書房新社）
林順信著『江戸東京グルメ歳時記』（雄山閣出版）
今井金吾著『江戸っ子の春夏秋冬』（河出書房新社）
中村整史朗著『江戸っ子学・知ってるつもり』（大和出版）
山本進編『落語ハンドブック』（三省堂）
榎本滋民著　京須偕充編『落語ことば辞典』（岩波書店）

著者紹介

畠山健二（はたけやま　けんじ）

笑芸作家・コラムニスト。一九五七年東京都生まれ。作・演出をした漫才が「第34回ＮＨＫ漫才コンクール最優秀賞」「国立演芸場金賞」などを受賞。演芸の台本執筆から週刊誌のコラム連載、ものかき塾での講師まで精力的に活動する。著書に『下町のオキテ』（講談社文庫）、『下町呑んだくれグルメ道』（河出文庫）のほか、ベストセラー『本所おけら長屋』シリーズ（PHP文芸文庫）などがある。日本文芸家クラブ会員。

本書は、2008年７月に文化出版局から刊行された『落語歳時記』を改題し、加筆・修正したものである。

ＰＨＰ文庫　超入門！　江戸を楽しむ古典落語

2017年１月18日　第１版第１刷
2017年８月18日　第１版第２刷

著　者　畠山健二
発行者　岡修平
発行所　株式会社ＰＨＰ研究所
東京本部　〒135-8137　江東区豊洲5-6-52
文庫出版部　☎03-3520-9617(編集)
普及一部　☎03-3520-9630(販売)
京都本部　〒601-8411　京都市南区西九条北ノ内町11
PHP INTERFACE　http://www.php.co.jp/
組　版　朝日メディアインターナショナル株式会社
印刷所
製本所　共同印刷株式会社

ISBN978-4-569-76211-1

PHP文庫好評既刊

「めんどうくさい人」の接し方、かわし方

師匠談志と古典落語が教えてくれた

立川談慶 著

師匠談志に「便利なやつ」と言わしめた著者が語る、前座時代から磨き上げた人間関係力・対応力に学べ！ 心やさしい人のための意識革命。

定価 本体六八〇円（税別）

PHP文庫好評既刊

滑稽・人情・艶笑・怪談……

古典落語100席

立川志の輔 選・監修／PHP研究所 編

夫婦愛、親子愛、隣近所の心のふれ合い。人気落語家の立川志の輔が庶民が織りなす笑いのドラマ100を厳選。古典落語入門の決定版。

定価 本体四九五円（税別）

PHP文芸文庫

本所おけら長屋

畠山健二 著

様々な職業の老若男女がつつましく暮らす「本所おけら長屋」が舞台の笑いと涙の連作時代小説。思わず引き込まれる人情物語の傑作。

定価 本体六一九円（税別）